• TROFEOS •

Cuaderno de práctica
Grado 5

Orlando   Boston   Dallas   Chicago   San Diego

Visit *The Learning Site!*
www.harcourtschool.com

Copyright © by Harcourt, Inc.

All rights reserved. No part of this publication may be reproduced or transmitted in any form or by any means, electronic or mechanical, including photocopy, recording, or any information storage and retrieval system, without permission in writing from the publisher.

Permission is hereby granted to individual teachers using the corresponding student's textbook or kit as the major vehicle for regular classroom instruction to photocopy complete pages from this publication in classroom quantities for instructional use and not for resale. Requests for information on other matters regarding duplication of this work should be addressed to School Permissions and Copyrights, Harcourt, Inc., 6277 Sea Harbor Drive, Orlando, Florida 32887-6777. Fax: 407-345-2418.

HARCOURT and the Harcourt Logo are trademarks of Harcourt, Inc., registered in the United States of America and/or other jurisdictions.

Printed in the United States of America

ISBN 0-15-323813-5

4 5 6 7 8 9 10 054 10 09 08 07 06 05

Contenido

VIAJES LEJANOS

Verano caliente y frío 1–5
Ve Tras Los Árboles 6–10
Yang tercera y su familia imposible 11–14
Querida Sra. Parks 15–18
Elena 19–22
Nunca te olvidaremos, Roberto Clemente 23–26
Cuentos populares de Asia 27–31
El sueño de Iditarod 32–36
Canción del bosque 37–40
La isla de los delfines azules 41–45
Everglades 46–50
Verano de fuego 51–55
Los océanos 56–59
Las estrellas 60–64
El caso de los tripulantes del objeto volador 65–69
La caja de cumpleaños de Hattie 70–73
William Shakespeare y El Globo 74–78
El cuaderno de notas y dibujos de William Joyce 79–82
Satchmo toca blues 83–86
Evelyn Cisneros: Prima bailarina 87–90
Listos... ¡Fuera! 91–95
Poco a poco 96–99
El pequeño libro que aún no tenía nombre 100–103
Frindel 104–107
Lo mucho que se divirtieron 108–111
A través del ancho y oscuro mar 112–117
Di el nombre de este americano 118–121
¿Cuál es tu brillante idea, Ben Franklin? 122–125
Lewis y Clark 126–129
Fronteras negras 130–134
Índice de estrategias y destrezas 135–136
Pruebas al final de la lectura A1–A128

Nombre _____

Verano caliente y frío
Vocabulario

▶ En la lista que aparece antes de la tabla, busca dos sinónimos de cada palabra de vocabulario y escríbelos en las primeras dos columnas. En la tercera columna, escribe un sinónimo de la palabra que se te ocurra a ti.

| experto | souvenir | desorden | juramento | cansados |
| remembranza | conocedor | jaleo | agotados | pacto |

Palabra de vocabulario	Sinónimo	Sinómino	Mi sinónimo
recuerdo			
exhaustos			
conmoción			
voto			
autoridad			

▶ Ordena las palabras a lo largo de la línea que sigue en orden de "intensidad." Escribe la palabra que tenga el significado más parecido a *exhaustos* junto a esa palabra en la línea. Luego escribe las otras palabras en orden. Prepárate para explicar por qué pusiste cada palabra en el lugar donde la pusiste.

fatigados enérgicos cansados agotados flojos

exhaustos | | | | |

¡Inténtalo! Piensa en una nueva mascota que les gustaría tener a ti y a tu familia. Trabajen juntos para escribir tres oraciones que describan a la mascota. Usa al menos tres palabras de vocabulario en las oraciones.

Cuaderno de práctica
Viajes lejanos

Nombre _____

TAREA
Verano caliente y frío

Prefijos, sufijos y raíces
PREPARACIÓN PARA LA PRUEBA

▶ Lee el párrafo. Encierra en un círculo la letra de la mejor respuesta a cada pregunta.

Al escoger una mascota, tienes que ser realista. Un gran danés estaría incómodo si tuviera que vivir en un apartamento pequeño. Si siempre llegas tarde, no escojas un animal que tengas que sacar a pasear a cierta hora todos los días. Si piensas adoptar un animal exótico, debes saber que hay muchos pájaros y mamíferos poco comunes que no pueden ser importados a los Estados Unidos. Pídele más información al dueño de una tienda de animales.

1 ¿Qué significa la palabra *realista*?

A relativo a lo real

B que no es real

C relativo a los reos

D la acción de ser real

> **Sugerencia**
> Une el significado de la raíz al del sufijo.

2 ¿Qué palabra NO tiene el mismo prefijo que la palabra *incómodo*?

F indio

G inútil

H infeliz

J inseguro

> **Sugerencia**
> Piensa en lo que significa *in-* en *incómodo*. Luego busca una palabra en la que *in-* no tenga ese significado.

3 ¿Cuál es la raíz de la palabra *importados* en la última oración?

A im

B port

C portados

D ados

> **Sugerencia**
> Divide la palabra *importados* en sus unidades más pequeñas de significado. Una vez que sepas cuál es el prefijo y cuál es el sufijo, la raíz es lo que queda.

Cuaderno de práctica
Viajes lejanos

Nombre _____

TAREA
Verano caliente y frío

Punto de vista

▶ **Lee cada pasaje. Luego responde a las preguntas. Escoge entre estos puntos de vista:** *primera persona, tercera persona limitada* y *tercera persona omnisciente.*

Bolivia tiene que encontrar una manera de hacerse amiga de Rory y Derek. Decide usar a Luci para lograrlo. Ella piensa que si consigue que los muchachos la ayuden a capturar a Luci, logrará resolver su problema.

1. ¿Cuál es el punto de vista del párrafo? _____

2. ¿Qué te ayudó a determinar el punto de vista? _____

"No sé si quiero ser amigo de Bolivia. Derek y yo teníamos unos planes buenísimos para el verano, pero ahora mi mamá ha planeado una parrillada en la que conoceremos a Bolivia. Aunque será difícil, seguramente podremos evitar hablarle si nos esforzamos."

3. ¿Cuál es el punto de vista del párrafo? _____

4. ¿Qué te ayudó a determinar el punto de vista? _____

Rory no quería conocer a Bolivia. Pensó por un rato. Entonces se le ocurrió que Bolivia no tenía un pase para entrar en la piscina. Pensó: "La piscina es el lugar perfecto para escaparnos de ella por un buen rato."

Sin embargo, Bolivia tenía otros planes. Decidió dejar salir a Luci de su jaula. Pensó: "Rescatar a Luci será una buena manera de captar la atención de los chicos."

5. ¿Cuál es el punto de vista del párrafo? _____

6. ¿Qué te ayudó a determinar el punto de vista? _____

Cuaderno de práctica
Viajes lejanos

Nombre _____

Verano caliente y frío

Gramática: Las oraciones

▶ **Crea una oración completa con cada uno de los siguientes grupos de palabras.**

1. sus platos con comida
   _____

2. su mamá
   _____

3. el cabello rojo
   _____

4. una guacamaya
   _____

5. lentamente por la escalera
   _____

▶ **Reordena las palabras para que las siguientes oraciones tengan sentido.**

6. listas hamburguesas están las
   _____

7. el piso sentó se Bolivia en
   _____

8. caer bicicleta dejó Rory su
   _____

¡Inténtalo! Trabaja con un miembro de tu familia para escribir cinco oraciones. Recuerda que cada oración debe empezar con mayúscula y terminar con un signo de puntuación.

Cuaderno de práctica
Viajes lejanos

Nombre _____

Verano caliente y frío
Ortografía: Las combinaciones de vocales

▶ Dobla esta hoja por la línea punteada. Escribe en las líneas en blanco las palabras de ortografía que tu maestro o maestra lea en voz alta. Desdobla la hoja y comprueba lo que has escrito. Practica la ortografía de las palabras que hayas escrito mal.

1. _____
2. _____
3. _____
4. _____
5. _____
6. _____
7. _____
8. _____
9. _____
10. _____
11. _____
12. _____
13. _____
14. _____
15. _____
16. _____
17. _____
18. _____
19. _____
20. _____

PALABRAS DE ORTOGRAFÍA

1. vuelo
2. hacienda
3. reino
4. puerta
5. ruedas
6. cuenta
7. cuero
8. buena
9. hierbas
10. nuestras
11. envueltas
12. cacahuates
13. bienvenida
14. guardia
15. dieta
16. cuadro
17. caliente
18. tiempo
19. cielo
20. cualquier

Cuaderno de práctica
Viajes lejanos

Nombre _____

Ve Tras Los Árboles
Vocabulario

▶ Lee las palabras de vocabulario. Luego escribe la palabra que completa mejor cada oración.

| mocasines | musgo | silbato | tranquilizarse | exageraba | carcaj |

La caminata por el bosque ofrecía algo para todos. Nick, que a veces se inventaba cuentos, no **(1)** _____ esta vez al decir que el sendero era escarpado y empinado. A Catalina le gustaba ver animales, y con sus

(2) _____ silenciosos pudo llegar muy cerca de un venado. Kim vio que en las rocas y en los troncos de los árboles

crecía **(3)** _____.

Cuando llegaron al claro, Nick dio las órdenes, llamando la atención a los demás con un **(4)** _____ para mantener el orden. Luego colocó un blanco y sacó una flecha del **(5)** _____ que llevaba a la espalda. Antes de jalar la cuerda del arco, respiró profundamente para **(6)** _____.

▶ Escribe la palabra de vocabulario que completa mejor cada analogía.

7. *Campana* es a *cencerro* lo que *pito* es a _____.

8. *Animarse* es a *excitarse* lo que *calmarse* es a _____.

9. *Tierra* es a *flor* lo que *árbol* es a _____.

10. *Mano* es a *guante* lo que *pies* es a _____.

11. *Papel* es a *portafolios* lo que *flecha* es a _____.

12. *Susurró* es a *gritó* lo que *atenuar* es a _____.

¡Inténtalo! Escoge una palabra de vocabulario. Si es un sustantivo, escribe tres adjetivos que le queden bien. Si es un verbo, escribe tres adverbios. Si es un adverbio, escribe tres verbos.

Cuaderno de práctica
Viajes lejanos

Nombre _____

TAREA
Ve Tras Los Árboles

Elementos narrativos
PREPARACIÓN PARA LA PRUEBA

▶ **Lee el párrafo. Luego encierra en un círculo la letra de la mejor respuesta a cada pregunta.**

A Jorge le encantaba participar en competencias deportivas. Siempre se había llevado el mejor puntaje en el equipo de baloncesto de su escuela. La escuela nunca había tenido una mejor defensa. Pero ahora todo iba a cambiar. Esta semana, Jorge se muda con su familia del pueblito de Carthage, Illinois, a la gran ciudad de Boston, Massachusetts. En su escuela nueva hay miles de estudiantes. Jorge se preguntaba si lograría siquiera ser parte del equipo.

1 Si este párrafo es el comienzo de un cuento, ¿de qué tratará el cuento?

  A si Jorge se adapta o no a su nueva escuela

  B qué le pasará a la familia de Jorge en Boston

  C una comparación de pueblos pequeños con ciudades grandes

  D los esfuerzos de Jorge por formar parte del equipo

> **Sugerencia**
> Piensa en la idea principal de este párrafo. ¿En qué dirección irá el cuento a partir de aquí?

2 ¿Qué problema o conflicto va a tener que enfrentar Jorge probablemente?

  F que se burlen de él por ser de un pueblo pequeño

  G que se pierda en su escuela nueva

  H que tenga que demostrar que merece estar en el equipo

  J que no entienda el acento de la gente

> **Sugerencia**
> Si es necesario, vuelve a leer los últimos renglones para ver cuál es el problema que le preocupa a Jorge.

3 ¿Qué indicios hay de que Jorge probablemente va a superar su problema?

  A Los cuentos siempre terminan bien.

  B La gente de los pueblos siempre sale adelante en la gran ciudad.

  C Jorge es una persona testaruda.

  D A Jorge le encanta competir y es un jugador excelente.

> **Sugerencia**
> Fíjate en las cosas que el autor nos dice acerca de Jorge.

Cuaderno de práctica
Viajes lejanos

Nombre _____

TAREA
Ve Tras Los Árboles

Formas literarias
PREPARACIÓN PARA LA PRUEBA

▶ **Lee cada pasaje. Luego lee la pregunta y encierra en un círculo la letra de la mejor respuesta.**

Nuestro Sistema Solar está formado por el Sol y todos los astros que giran a su alrededor. Nueve planetas giran en torno al Sol, y muchos de éstos tienen satélites que les dan la vuelta. También alrededor del Sol hay más asteroides y cometas de los que podamos contar.

1 ¿Qué género corresponde mejor a este pasaje?

A no ficción narrativa

B ficción realista

C no ficción descriptiva

Por fin, el Dr. Summerford y los demás tripulantes estaban listos para meterse en los matorrales. Todos los obstáculos que habían afrontado se esfumarían si lograban encontrar una manada de leones. Los camperos arrancaron, seguidos de los científicos cargados de cosas.

2 ¿Qué género corresponde mejor a este pasaje?

A no ficción narrativa

B fantasía

C no ficción descriptiva

Los escuíbolos eran bolitas pegajosas de una sustancia que parecía pasta de anís. No hablaban ni se movían, pero Potofor se dio cuenta de que tenían inteligencia. Prendió el foto-traductor. Era un instrumento sensible. A lo mejor podría captar sus pensamientos.

3 ¿Qué género corresponde mejor a este pasaje?

A no ficción descriptiva

B drama

C ficción

▶ **Explica la diferencia entre no ficción descriptiva y no ficción narrativa.**

_____

_____

_____

Cuaderno de práctica
Viajes lejanos

Nombre _____

Ve Tras Los Árboles

Gramática: Clases de oraciones

▶ **Indica si cada oración es *declarativa, interrogativa, imperativa* o *exclamativa*.**

1. ¿Hay algún truco para lograrlo? _____
2. He practicado por días y días. _____
3. ¡No puedo respirar! _____
4. Piensa en el musgo como si fuera tu desayuno. _____

▶ **Escribe cada oración con la puntuación correcta. Luego, en paréntesis, indica qué clase de oración es.**

5. inténtalo otra vez _____
_____

6. cuántos dedos tengo _____
_____

7. mi madre me despertó para ir a practicar _____
_____

8. qué difícil es esto _____
_____

¡Inténtalo! Con un compañero o compañera, busca dos oraciones de cada tipo en una tira cómica. Copia cada una en una hoja de papel y escribe si es declarativa, interrogativa, imperativa o exclamativa.

Cuaderno de práctica
Viajes lejanos

Nombre _____

Ve tras los árboles

Ortografía: Las combinaciones de consonantes

▶ Dobla esta hoja por la línea punteada. Escribe en las líneas en blanco las palabras de ortografía que tu maestro o maestra lea en voz alta. Desdobla la hoja y comprueba lo que has escrito. Practica la ortografía de las palabras que hayas escrito mal.

1. _____
2. _____
3. _____
4. _____
5. _____
6. _____
7. _____
8. _____
9. _____
10. _____
11. _____
12. _____
13. _____
14. _____
15. _____
16. _____
17. _____
18. _____
19. _____
20. _____

PALABRAS DE ORTOGRAFÍA

1. princesa
2. pregunté
3. fragancia
4. creativo
5. cruzar
6. preocupada
7. precio
8. frijoles
9. broma
10. plata
11. precioso
12. agrio
13. lágrima
14. diploma
15. plano
16. playa
17. trozo
18. crujió
19. flecha
20. fresas

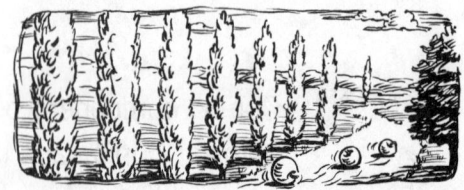

Cuaderno de práctica
Viajes lejanos

Nombre _____

Yang tercera y su familia imposible
Vocabulario

▶ **Al leer el párrafo, usa las pistas del contexto para determinar lo que significa cada palabra de vocabulario que está en negrita. Luego escribe la palabra que va con cada definición.**

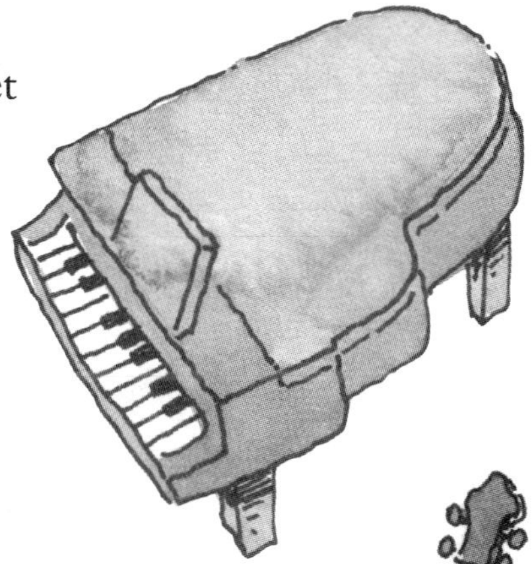

Gabriela llevaba practicando para su **presentación** de ballet varias semanas. El día en que tenía que bailar, Belén, su **acompañante** de piano, acudió puntual al **auditorio**. En el espectáculo colaboró también un **malabarista** amigo de las dos. La pieza que habían escogido era una popular **sonata**. En medio de la presentación, Belén hizo una **mueca** rara al equivocarse de nota. Pero siguió tocando y Gabriela siguió bailando como si nada hubiera ocurrido.

1. una prueba para actuar en una obra de teatro _____
2. pieza musical para uno o dos instrumentos _____
3. sala grande en la que se celebran conciertos y otras funciones _____
4. gesto hecho con la cara _____
5. músico que toca para un solista o para un bailarín _____
6. persona que hace trucos con varios objetos a la vez _____

▶ **Escribe la palabra de vocabulario que mejor concuerde con los siguientes grupos de palabras.**

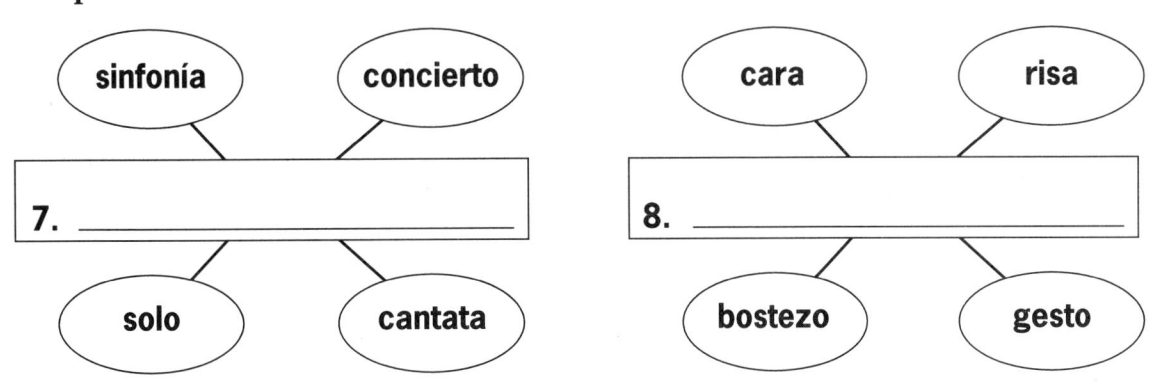

```
   sinfonía    concierto              cara        risa
       \        /                       \         /
   7. _____                   8. _____
       /        \                       /         \
     solo     cantata               bostezo     gesto
```

¡Inténtalo! Escribe un párrafo sobre una función musical a la que hayas asistido, o sobre un CD que te guste. Utiliza al menos tres palabras de vocabulario.

Cuaderno de práctica
Viajes lejanos

11

Nombre _____

TAREA
Yang tercera y su familia imposible

Prefijos, sufijos y raíces
PREPARACIÓN PARA LA PRUEBA

▶ **Lee el párrafo siguiente. Encierra en un círculo la letra de la mejor respuesta a cada pregunta.**

La voz humana fue el primer instrumento musical. Los seres humanos comenzaron a cantar mucho antes de construir arpas o violines. La voz sigue siendo un instrumento multiuso. El sonido es capaz de transportar al oyente a lugares increíbles. Un coro musical es un grupo de voces que cooperan, pero muchos intérpretes son solistas. ¿Qué sería de la música actual sin cantantes? No tiene sentido ni siquiera pensarlo.

1 ¿Qué significa *multiuso*?

  A que tiene pocos usos
  B que no tiene ningún uso
  C que sólo tiene un uso
  D que tiene muchos usos

> 💡 **Sugerencia**
> Para averiguar el significado de la palabra *multiuso*, junta lo que significa el prefijo con lo que significan la raíz y el sufijo.

2 ¿Qué palabra o palabras tienen un significado parecido a *transportar*?

  F llevar al espacio
  G trasladar de un sitio a otro
  H recargar
  J llevar al puerto

> 💡 **Sugerencia**
> Piensa en lo que significa el prefijo *trans-*. Escoge la definición que te parezca más acertada.

3 ¿Cuál es la raíz de *cooperan*?

  A co
  B opera
  C coop
  D operación

> 💡 **Sugerencia**
> Divide la palabra *cooperación* en su prefijo, raíz y sufijo. Cuando le quites el prefijo y el sufijo sabrás cuál es la raíz de la palabra.

Cuaderno de práctica
Viajes lejanos

Nombre _____

Yang tercera y su familia imposible

Gramática: Los sujetos y los predicados

▶ **Escribe el sujeto para indicar de quién o de qué habla la oración.**

1. Holly permaneció callada por un momento.
   _____

2. Los ensayos se realizaban en un auditorio.
   _____

3. Mi acompañante está enferma.
   _____

4. Mi mamá ha tocado en muchas presentaciones.
   _____

5. La señora Hanson parecía estar más calmada.
   _____

▶ **Escribe el predicado para indicar lo que dice o hace el sujeto.**

6. Mi hermano lamió el pan con crema de cacahuate.
   _____

7. La señora Hanson respiró aliviada.
   _____

8. Ella traerá las partituras a las ocho.
   _____

9. Mis hermanos asintieron con la cabeza.
   _____

10. Mi mamá miró a Holly.
    _____

¡Inténtalo!  Busca cinco oraciones en un libro o revista. Cópialas en una hoja de papel e identifica el sujeto y el predicado de cada oración.

Cuaderno de práctica
Viajes lejanos

Nombre _____

Yang tercera y su familia imposible

Ortografía: Los prefijos

▶ Dobla esta hoja por la línea punteada. Escribe en las líneas en blanco las palabras de ortografía que tu maestro o maestra lea en voz alta. Desdobla la hoja y comprueba lo que has escrito. Practica la ortografía de las palabras que hayas escrito mal.

1. _____
2. _____
3. _____
4. _____
5. _____
6. _____
7. _____
8. _____
9. _____
10. _____
11. _____
12. _____
13. _____
14. _____
15. _____
16. _____
17. _____
18. _____
19. _____
20. _____

PALABRAS DE ORTOGRAFÍA

1. desdichada
2. encariñado
3. encerraba
4. enlatar
5. reencuentro
6. desconocido
7. desaparecen
8. enhebrar
9. enlace
10. despegado
11. desesperar
12. contradecir
13. contrapeso
14. contraportada
15. reelección
16. reapertura
17. descompuesto
18. desaprobación
19. recorrió
20. desagrado

Cuaderno de práctica
Viajes lejanos

14

Nombre _____

Querida Sra. Parks
Vocabulario

▶ Lee las palabras de vocabulario. Luego lee los siguientes conjuntos de palabras. Escribe la palabra de vocabulario que es similar a las palabras de cada conjunto.

| correspondencia | ridiculizado | potencial | dignidad |
| inspirarte | consejero | mentor | |

1. mensaje; esquela; correo; e-mail _____
2. burlado; despreciado; mofado; remedado _____
3. animarte; esforzarte; alentarte; motivarte _____
4. consultor; asesor; director; guía _____
5. maestro; tutor; instructor; profesor _____
6. nobleza; honra; respeto; distinción _____
7. habilidad; capacidad; talento; inteligencia _____

▶ Escribe la palabra de vocabulario que completa mejor cada oración.

8. La Sra. Parks mantiene _____ con niños de muchos países.
9. Ella lleva años sirviendo de _____ para muchas personas.
10. La Sra. Parks anima a los estudiantes a desarrollar su _____.
11. Les dice que no deben tener miedo a sentirse _____.
12. Aunque la traten mal, la Sra. Parks se porta con _____.

Cuaderno de práctica
Viajes lejanos

Nombre _____

TAREA
Querida Sra. Parks
Formar juicios
PREPARACIÓN PARA LA PRUEBA

▶ Lee el párrafo. Luego encierra en un círculo la letra de la mejor respuesta a cada pregunta.

Rosa Parks tenía un consejo para un joven que le dijo que le costaba mucho trabajo hacer preguntas. La Sra. Parks le respondió que, a la edad de 83, años ella seguía aprendiendo y haciendo preguntas. Por ejemplo, dijo que le fascinaban las nuevas tecnologías, como la de las computadoras. Luego le dijo que estaba tomando clases de gimnasia acuática y natación. Su consejo para el joven fue que reuniera valor y comenzara a hacer preguntas. En su opinión, esta es la única forma de aprender.

1 ¿Cuál de estas opiniones sobre Rosa Parks está respaldada por el párrafo?

A Sigue queriendo aprender cosas nuevas.

B No le gusta hacer preguntas.

C Es experta en computadoras.

D No le gusta nadar.

> **Sugerencia**
> Escoge la oración que refleje mejor la información que hay en el párrafo.

2 ¿Cuál de las siguientes pruebas respalda mejor la opinión de la primera pregunta?

F Rosa Parks da su opinión.

G Rosa Parks le dio un consejo al joven.

H Rosa Parks habla con un joven.

J A Rosa Parks le fascina la tecnología.

> **Sugerencia**
> ¿Qué dato sobre lo que Rosa Parks hace o lo que le gusta, describe mejor la clase de persona que es?

3 ¿Qué otra opinión puedes formarte de Rosa Parks según la información de este párrafo?

A No sabe hacer preguntas.

B Se atreve a hacer las cosas.

C Escribe cartas muy buenas.

D Los jóvenes temerosos le caen mal.

> **Sugerencia**
> Busca una oración que se pueda verificar con la información del párrafo.

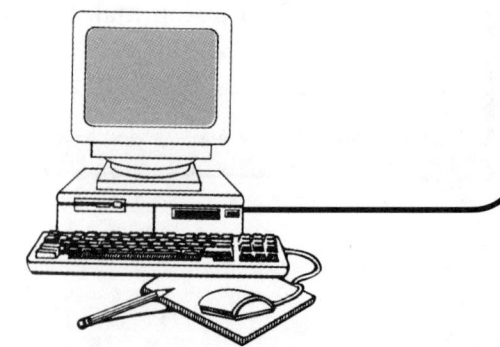

Cuaderno de práctica
Viajes lejanos

16

Nombre _____

Querida Sra. Parks
Gramática: Predicados completos y simples

▶ **Encierra en un círculo el sujeto completo de cada una de las siguientes oraciones. Escribe el sujeto simple en la primera línea. Subraya el predicado completo de cada una de las siguientes oraciones. Escribe el predicado simple en la segunda línea.**

1. La maestra de Adriana le contó a la clase sobre Rosa Parks.
   _____ _____

2. La Sra. Parks tiene 83 años. _____ _____

3. La bisabuela de Adriana celebró sus 85 años ayer. _____
   _____

▶ **Escribe *sujeto completo* o *sujeto simple* en las líneas en blanco para identificar las palabras subrayadas. Si el sujeto completo y el simple son el mismo, escribe *iguales*.**

4. Jaime le escribió una carta a la Sra. Parks. _____

5. La Sra. Parks le dio su opinión a Jaime. _____

6. "Una buena pregunta siempre ayuda." _____

▶ **Añade un predicado completo para completar las siguientes oraciones. Encierra en un círculo los predicados simples.**

7. Una computadora _____

8. La respuesta a mi carta _____

¡Inténtalo!  Copia cinco oraciones de anuncios en revistas. En cada una, usando un lápiz rojo, subraya el predicado completo y encierra en un círculo el predicado simple. Haz lo mismo para los sujetos usando un lápiz de otro color.

Cuaderno de práctica
Viajes lejanos

Nombre _____

Querida Sra. Parks
Ortografía: Los sufijos

▶ Dobla esta hoja por la línea punteada. Escribe en las líneas en blanco las palabras de ortografía que tu maestro o maestra lea en voz alta. Desdobla la hoja y comprueba lo que has escrito. Practica la ortografía de las palabras que hayas escrito mal.

1. _____
2. _____
3. _____
4. _____
5. _____
6. _____
7. _____
8. _____
9. _____
10. _____
11. _____
12. _____
13. _____
14. _____
15. _____
16. _____
17. _____
18. _____
19. _____
20. _____

PALABRAS DE ORTOGRAFÍA

1. gajito
2. calentito
3. acabadito
4. chiquito
5. buenísimo
6. rarísimo
7. lejísimos
8. riquísimo
9. exactamente
10. totalmente
11. naturalmente
12. probablemente
13. únicamente
14. estacionamiento
15. lanzamiento
16. agotamiento
17. movimiento
18. profundamente
19. actualmente
20. cuidadosamente

Cuaderno de práctica
Viajes lejanos

Nombre _____

**Elena
Vocabulario**

▶ **Escribe la palabra de vocabulario que completa mejor cada oración.**

revolución trote
desmoronarse determinación
penumbras pésame

1. En una _____ la vida de cualquiera puede cambiar en un instante.

2. Hasta el policía se _____ al oír la noticia del siniestro.

3. Entre las _____ del atardecer vimos al gato encaramado en la valla.

4. Fuimos a darle el _____ a la viuda.

5. El _____ de los caballos se hacía más lento a medida que se empinaba la cuesta.

6. Los futbolistas jugaron con tal _____ que su victoria no sorprendió a nadie.

▶ **Sigue las instrucciones a continuación.**

7. Escribe una oración en la que expliques qué opinas sobre las **revoluciones**.

   _____

8. Describe con una oración una situación en la que hayas mostrado una gran **determinación**.

   _____

 **¡Inténtalo!** Escribe un párrafo sobre una *revolución* famosa. Puedes utilizar los recursos del salón de clases, como una enciclopedia o un diccionario, para escribir tu párrafo.

Cuaderno de práctica
Viajes lejanos

Nombre _____

TAREA
Elena
Elementos narrativos
PREPARACIÓN PARA LA PRUEBA

▶ **Lee el párrafo. Luego encierra en un círculo la letra de la mejor respuesta.**

Cuando Tomás se enfadaba, sus ojos negros echaban chispas. Estaba de mal humor porque había tenido que viajar a California con su familia en un tren lleno de gente. Tenía calor y estaba cansado de que los otros pasajeros lo empujaran. Cuando Mamá le pidió que distrajera a su hermana por un rato, Tomás suspiró. "No quiero", le respondió en tono cortante. Cuando Tomás miró la cara de su madre, vio dolor reflejado en sus ojos. De pronto, Tomás se dio cuenta de que no debía seguir portándose así.

1 ¿Cuál es el escenario de este pasaje?

  A el hogar de Tomás
  B California
  C un autobús
  D un tren

> **Sugerencia**
> Recuerda que el escenario es el lugar exacto donde sucede la historia.

2 La parte del escenario que probablemente afectó más a Tomás fue

  F el calor y la gente.
  G estar con su familia.
  H ir a California.
  J la madrugada.

> **Sugerencia**
> Piensa en las cosas del escenario que le molestan a Tomás.

3 ¿Qué oración expresa mejor el tema?

  A Podemos conseguir lo que queremos si mostramos mal genio.
  B Algunas personas se portan mal porque no piensan en sus actos.
  C A nadie le gusta tener que cuidar de un hermano o hermana pequeño.
  D Todas las personas que tienen ojos negros y chispeantes tienen mal genio.

> **Sugerencia**
> ¿Cuál es la idea o el mensaje que el autor quiere transmitir al público a través de la historia?

Cuaderno de práctica
Viajes lejanos

20

Nombre _____

Elena
Gramática:
Los sujetos compuestos y los predicados compuestos

▶ **Subraya el sujeto compuesto de cada una de las siguientes oraciones. Encierra en un círculo la conjunción que une los sujetos simples.**

1. El caos y la incertidumbre eran productos de la revolución.

2. Los soldados y sus seguidores viajaban de pueblo en pueblo.

3. Las heridas, la fatiga o la mala comida agotaba a los soldados.

▶ **Subraya el predicado compuesto de cada una de las siguientes oraciones. Encierra en un círculo la conjunción que une los predicados simples.**

4. Paco sabía que la batalla iba a empezar, pero no se acobardó.

5. Él vio la pelea, se asustó y corrió en la dirección opuesta.

6. El capitán de Paco se enojó y pensó en un castigo.

▶ **Añade un sujeto compuesto a la oración 7 y un predicado compuesto a la oración 8.**

7. _____ detestaban la guerra.

8. Los soldados de Pancho Villa _____
_____

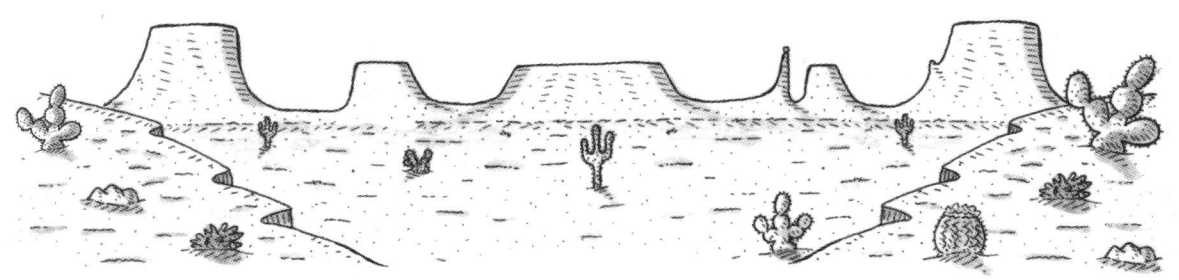

¡Inténtalo! Escribe cinco oraciones para describir alguno de tus pasatiempos preferidos. Utiliza al menos un sujeto compuesto y un predicado compuesto en tus oraciones.

Cuaderno de práctica
Viajes lejanos

Nombre _____

Elena
Ortografía: Palabras para las asignaturas

▶ Dobla esta hoja por la línea punteada. Escribe en las líneas en blanco las palabras de ortografía que tu maestro o maestra lea en voz alta. Desdobla la hoja y comprueba lo que has escrito. Practica la ortografía de las palabras que hayas escrito mal.

1. _____
2. _____
3. _____
4. _____
5. _____
6. _____
7. _____
8. _____
9. _____
10. _____
11. _____
12. _____
13. _____
14. _____
15. _____
16. _____
17. _____
18. _____
19. _____
20. _____

PALABRAS DE ORTOGRAFÍA

1. álgebra
2. geología
3. español
4. historia
5. ciencias
6. educación física
7. arte
8. matemáticas
9. gramática
10. ortografía
11. lectura
12. literatura
13. biología
14. química
15. geometría
16. geografía
17. psicología
18. física
19. inglés
20. estudios sociales

Cuaderno de práctica
Viajes lejanos

Nombre _____

Nunca te olvidaremos Roberto Clemente
Vocabulario

▶ **Al leer el párrafo, usa las pistas del contexto para determinar lo que significa cada palabra de vocabulario que está en negrita. Luego usa las palabras de vocabulario para completar las analogías.**

   Como es tan buen jugador, Luis siempre figura en el **alineamiento** inicial de su equipo. Como cabría esperar de Luis, que es el **as** del equipo, cuenta con unas estadísticas impresionantes. Verlo cometer errores es rarísimo, porque juega de maravilla.
   A la entrada del campo de béisbol donde juega Luis hay una **estatua** en memoria de un famoso pelotero: Roberto Clemente. Roberto Clemente murió en un accidente de avión mientras transportaba **provisiones** a personas necesitadas. En el campo donde juega Luis la hierba es hecha de cosas **artificiales.** Está cerca de un aeropuerto, y desde la tribuna del campo se ve la **torre de control.** Los espectadores ven pasar los aviones constantemente, pero cuando Luis agarra el bate, nadie le quita el ojo de encima.

1. *Investigador* es a *laboratorio* lo que *controlador aéreo* es a _____.
2. *Hangar* es a *avión* lo que *mochila* es a _____.
3. *Actor* es a *reparto* lo que *máximo goleador* es a _____.
4. *Principiante* es a *aprendiz* lo que *experto* es a _____.
5. *Adornar* es a *aretes* lo que *recordar* es a _____.
6. *Jugar* es a *trabajar* lo que *auténticos* es a _____.

▶ **Escribe la palabra o palabras que mejor encajen en cada grupo.**

(maletas) (aeródromo)   (imitaciónes) (falsos)

7. _____   8. _____

(pistas de aterrizaje) (radar)   (fingidos) (recambios)

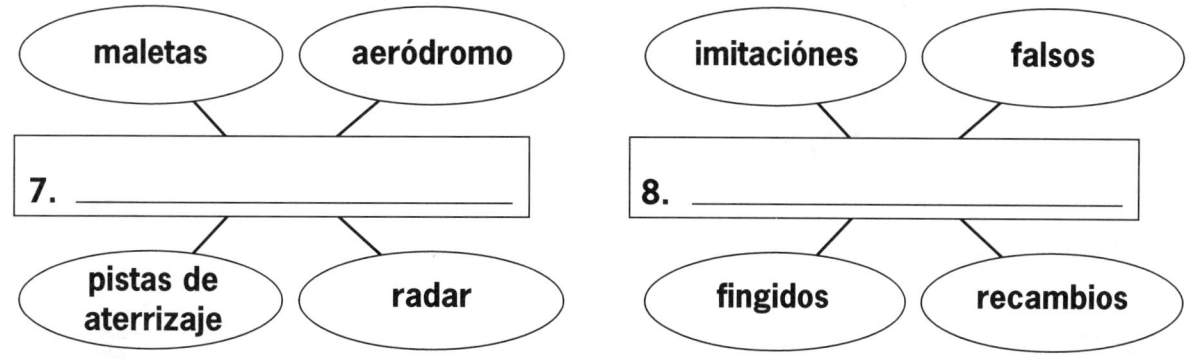

¡Inténtalo! Escribe un discurso de presentación para el nuevo equipo de béisbol de la Escuela Clemente. Utiliza al menos tres palabras de vocabulario.

Cuaderno de práctica
Viajes lejanos

Nombre _____

TAREA
Nunca te olvidaremos, Roberto Clemente
Sacar conclusiones
PREPARACIÓN PARA LA PRUEBA

▶ Lee el párrafo y encierra en un círculo la letra de la mejor respuesta a cada pregunta.

Observar a la familia Gómez en acción es como ver funcionar a un equipo deportivo. Cuando la cena está casi lista, Luz y Pepe ponen la mesa. La señora Gómez hace la ensalada y sirve los platos acompañantes mientras el señor Gómez saca el plato principal del horno. Francisca pone a Sarita en su silla y toda la familia se sienta a la mesa. Después de la cena, cada uno tiene una misión. Si este trabajo en equipo fuera un deporte olímpico, la familia Gómez se ganaría una medalla de oro.

1 ¿En qué se parece la familia Gómez a un equipo deportivo?

A Cada persona tiene una misión determinada.
B Los miembros de la familia compiten entre sí.
C Algunos miembros de la familia son atletas olímpicos.
D A la familia Gómez le gustan los deportes.

💡 **Sugerencia**
Fíjate en qué se parece el comportamiento de la familia Gómez al comportamiento de un equipo deportivo.

2 ¿Por qué la familia Gómez se merece una medalla de oro?

F Porque nunca se pelean.
G Porque todos practican un deporte.
H Porque todos colaboran.
J Porque siempre cenan juntos.

💡 **Sugerencia**
Busca la oración en que el autor compara a la familia Gómez con medallistas de oro. ¿Qué conclusión puedes sacar de esa oración?

3 ¿Qué oración describe mejor lo que el autor siente acerca de la familia Gómez?

A Al autor no le gusta la familia.
B El autor no siente nada por la familia.
C El autor admira a la familia.
D El autor le tiene miedo a la familia.

💡 **Sugerencia**
¿Cuál de las respuestas contiene más detalles sobre la opinión del autor sobre la familia Gómez?

Cuaderno de práctica
Viajes lejanos

Nombre _____

Nunca te olvidaremos, Roberto Clemente

Gramática: Las oraciones simples y compuestas y las conjunciones

▶ Cada uno de los siguientes pares de oraciones tiene el mismo predicado pero sujetos diferentes. Vuelve a escribir cada par de oraciones como una sola oración que tenga un sujeto compuesto. Usa *y* u *o*.

1. Roberto jugaba béisbol. Willie jugaba béisbol.
   _____

2. En Puerto Rico se habla español. En Nicaragua se habla español.
   _____

3. El béisbol es un deporte interesante. El fútbol es un deporte interesante.
   _____

▶ Cada uno de los siguientes pares de oraciones tiene el mismo sujeto pero predicados diferentes. Vuelve a escribir cada par de oraciones como una sola oración que tenga un predicado compuesto. Usa *y* u *o*.

4. Roberto jugó béisbol en Puerto Rico. Roberto entró a las Grandes Ligas.
   _____
   _____

5. Roberto compartió su éxito con su familia. Roberto fue muy generoso con su comunidad. _____
   _____

6. Willie era el mejor amigo de Roberto. Willie jugaba béisbol. Willie admiraba a Roberto. _____
   _____

▶ Escribe *sujeto compuesto* o *predicado compuesto* junto a la oración que corresponda.

7. Los beisbolistas y los futbolistas se esfuerzan mucho. _____

8. El bateador será Roberto o Willie. _____

¡Inténtalo! Escribe un párrafo en el que describas un deporte que te guste. Usa al menos tres oraciones compuestas y tres oraciones simples.

Cuaderno de práctica
Viajes lejanos

Nombre _____

Nunca te olvidaremos Roberto Clemente

Ortografía: Palabras singulares y plurales

▶ Dobla esta hoja por la línea punteada. Escribe en las líneas en blanco las palabras de ortografía que tu maestro o maestra lea en voz alta. Desdobla la hoja y comprueba lo que has escrito. Practica la ortografía de las palabras que hayas escrito mal.

1. _____
2. _____
3. _____
4. _____
5. _____
6. _____
7. _____
8. _____
9. _____
10. _____
11. _____
12. _____
13. _____
14. _____
15. _____
16. _____
17. _____
18. _____
19. _____
20. _____

PALABRAS DE ORTOGRAFÍA

1. colibrí
2. colibríes
3. feliz
4. felices
5. maní
6. maníes
7. rubí
8. rubíes
9. jabalí
10. jabalíes
11. juez
12. jueces
13. feroz
14. feroces
15. lombriz
16. lombrices
17. raíz
18. raíces
19. guaraní
20. guaraníes

Cuaderno de práctica
Viajes lejanos

Nombre _____

Cuentos populares de Asia
Vocabulario

▶ Completa el párrafo con las palabras de vocabulario.

| encomendó | jornada | asegurar | abundante | poniente | diligencia |

Hace muchos siglos, una reina le **(1)** _____ a una joven el cuidado de su bebé, el príncipe. La joven cuidaba muy bien del bebé y lo atendía con mucha **(2)** _____. Sabía que si lo cuidaba con todo su empeño, se podía **(3)** _____ una vida acomodada. Pero un día, al final de la **(4)** _____, cuando ya estaba muy cansada de andar detrás del niño, apareció una figura enmascarada y tomó al niño. El extraño le dijo a la joven que era su misión destruir a la familia real. La joven exclamó: "¡Le daremos lo que quiera! ¡Le daremos hasta nuestra cosecha, que ha sido muy **(5)** _____ todo el año!" El misterioso hombre soltó al príncipe y se fue corriendo en dirección al **(6)** _____, rumbo al atardecer, convencido de que sería dueño de toda la cosecha del reino.

▶ Escribe la palabra de vocabulario que significa lo contrario de la palabra subrayada.

7. Un año, la cosecha fue <u>poca</u>, pero al año siguiente fue _____.

8. Un año, los trabajadores hicieron su trabajo con <u>pereza</u>, pero al año siguiente trabajaron con _____.

¡Inténtalo! Escribe tres sinónimos de la palabra *abundante*. Luego usa cada sinónimo en una oración.

Cuaderno de práctica
Viajes lejanos

Nombre _____

TAREA
Cuentos populares de Asia

Resumir y parafrasear
PREPARACIÓN PARA LA PRUEBA

▶ **Lee el párrafo. Luego encierra en un círculo la letra de la mejor respuesta a cada pregunta.**

   Las personas de todo el mundo narran cuentos populares. Los cuentos populares son leyendas, mitos y fábulas que todos conocen y que pasan de una generación a la siguiente. Antes de que existieran la radio, la televisión, las computadoras y los libros impresos, las personas narraban cuentos para entretenerse. Además de ser divertidos, los cuentos populares transmitían los valores y creencias de una cultura. Hoy en día, todavía se leen cuentos, y la gente los disfruta y aprende de las ideas que contienen.

1 ¿Cuál es la mejor paráfrasis de la segunda oración?

   A Los cuentos populares son relatos tradicionales que las personas mayores les cuentan a las más jóvenes.

   B Los cuentos populares se publican en libros para que las personas puedan memorizarlos.

   C Los cuentos populares son lo mismo que las leyendas.

   D Los cuentos populares son iguales en todo el mundo.

💡 **Sugerencia**
Piensa en el significado de la palabra *generación*. Usa el significado para escoger la mejor paráfrasis.

2 ¿Cuál es la mejor paráfrasis de la cuarta oración?

   F Los cuentos populares son relatos divertidos sin ningún significado especial.

   G Es más divertido contar un cuento popular que escucharlo.

   H Es divertido contar y escuchar cuentos populares, y éstos expresan las ideas importantes de un grupo de personas.

   J A todos les gustan los cuentos populares, pero muchas personas no entienden por qué son importantes.

💡 **Sugerencia**
La cuarta oración expresa dos ideas importantes. Busca la respuesta que contenga ambas ideas.

3 ¿Cuál es el mejor resumen del párrafo?

   A Hoy en día, las personas ya no narran cuentos populares.

   B A las personas les gusta ver cuentos en la televisión.

   C Las personas de muchas partes del mundo narran cuentos populares.

   D Los cuentos populares son cuentos divertidos del pasado que todavía enseñan ideas importantes.

💡 **Sugerencia**
Escoge la respuesta que mejor describe las ideas del párrafo.

Cuaderno de práctica
Viajes lejanos

Nombre _____

TAREA
Cuentos populares de Asia

Lenguaje figurado
PREPARACIÓN PARA LA PRUEBA

▶ **Escoge el mejor significado de cada ejemplo de lenguaje figurado. Escribe la respuesta en la línea.**

1. A la luz de la luna, la carretera era una cinta blanca que se extendía por el paisaje.
   A La carretera era estrecha y larga y brillaba a la luz de la luna.
   B La carretera estaba oscura aunque brillaba la luna.

   _____

2. Al ponerse, el Sol cayó como una moneda dorada en su ranura.
   A Una bella puesta de Sol vale oro.
   B Cuando el Sol se puso, desapareció enseguida.

   _____

3. La mujer no era ni sombra de lo que había sido.
   A La mujer se veía más delgada que antes.
   B A la mujer le gustaba estar a la sombra.

   _____

▶ **Lee cada definición y ejemplo de lenguaje figurado. Luego escribe tu propio ejemplo.**

4. Un **símil** es una comparación entre dos cosas diferentes. Contiene palabras como *parecía*, *igual que* o *como* para compararlas: El jugo de naranja era como un rayo de sol en un vaso.

   _____
   _____

5. Una **metáfora** es una comparación entre dos cosas diferentes. No contiene palabras como *parecía*, *igual que* o *como* para compararlas: El cabello de Clara es una brillante soga negra.

   _____

Cuaderno de práctica
Viajes lejanos

Nombre _____

Cuentos populares de Asia

Gramática: Los sustantivos comunes y los sustantivos propios

▶ Escribe los sustantivos de cada oración. Luego escribe *C* si es un sustantivo común y *P* si es un nombre propio.

1. Man se levantó y empezó a buscar la comida.
   _____

2. Virtud vio una larga fila de hombres.
   _____

3. El emperador Jade llamó a su hija.
   _____

4. La mujer sorbía su té.
   _____

▶ Escribe cada oración, reemplazando los sustantivos comunes subrayados por sustantivos propios y los sustantivos propios subrayados por sustantivos comunes.

5. <u>Boon, Man y Panya</u> eran buenos amigos.
   _____

6. <u>Un sirviente</u> les traía alimentos para la jornada.
   _____

7. El emperador Jade vive en <u>un país de Asia</u>.
   _____

8. <u>La joven</u> era trabajadora e inteligente.
   _____

¡Inténtalo! Con un compañero o una compañera, piensa en un país de Asia que les gustaría visitar. Escriban un párrafo sobre ese lugar, usando sustantivos comunes y propios.

Cuaderno de práctica
Viajes lejanos

Nombre _____

Cuentos populares de Asia

Ortografía: Sustantivos con cambios de ortografía

▶ Dobla esta hoja por la línea punteada. Escribe en las líneas en blanco las palabras de ortografía que tu maestro o maestra lea en voz alta. Desdobla la hoja y comprueba lo que has escrito. Practica la ortografía de las palabras que hayas escrito mal.

1. _____
2. _____
3. _____
4. _____
5. _____
6. _____
7. _____
8. _____
9. _____
10. _____
11. _____
12. _____
13. _____
14. _____
15. _____
16. _____
17. _____
18. _____
19. _____
20. _____

PALABRAS DE ORTOGRAFÍA

1. alemán
2. alemana
3. inglés
4. inglesa
5. crimen
6. crímenes
7. joven
8. jóvenes
9. cupón
10. cupones
11. elección
12. elecciones
13. estación
14. estaciones
15. corazón
16. corazones
17. tazón
18. tazones
19. patrón
20. patrones

Cuaderno de práctica
Viajes lejanos

Nombre _____

El sueño de Iditarod
Vocabulario

▶ **A medida que leas el párrafo, usa las claves de contexto para determinar el significado de las palabras de vocabulario que están en negrita. Luego coloca cada palabra de vocabulario junto a su definición.**

Era el día anterior a la carrera. Kenia y Julio fueron a la **jefatura** de la carrera para registrarse y para saber la **posición** de partida. Kenia y Julio habían trabajado como **entrenadores** de perros durante los últimos tres años, así que sabían mucho sobre perros. Sabían cómo cuidarles las patas y cuándo necesitaban descansar. También sabían cómo evitar que los perros formaran un **enredo**. Esto podría ser peligroso y gastar tiempo. Cada corredor esperaba mantener un **paso** rápido durante la carrera del día siguiente.

1. oficina central que controla una operación _____

2. promedio de velocidad _____

3. personas que controlan, dirigen, y orientan _____

4. lugares que ocupan las cosas con relación a otras _____

5. algo que está revuelto o desordenado _____

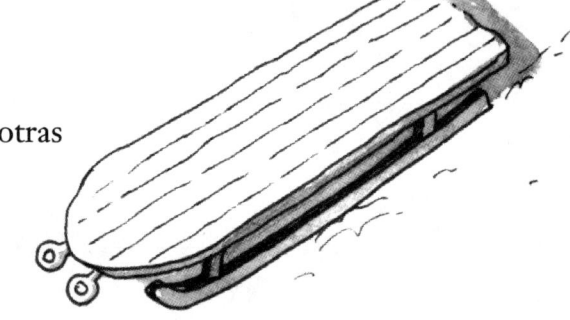

▶ **Escribe la palabra de vocabulario que completa mejor cada oración.**

6. La _____ del espectáculo de ponis se comunicaba por teléfono con varias oficinas.

7. Los _____ de ponis sabían como entrenar a los animales para correr.

8. Cuando los ponis actúan, ellos saben sus _____ correctas.

9. Cuando los ponis tiran de un coche, casi nunca forman un _____ con las riendas.

10. Cada poni mantiene un _____ constante al caminar o trotar.

¡Inténtalo! Escribe un párrafo sobre una carrera que hayas visto o en la que hayas participado. Usa al menos tres palabras de vocabulario.

Cuaderno de práctica
Viajes lejanos

Nombre _____

TAREA
El sueño de Iditarod

Sacar conclusiones
PREPARACIÓN PARA LA PRUEBA

▶ **Lee el párrafo. Luego encierra en un círculo la letra de la mejor respuesta a cada pregunta.**

Las razas de perros *Husky siberiano* y *Malamute* suelen utilizarse en Alaska en los equipos de perros de trineos. Estos perros no son muy grandes, pero son capaces de jalar pesados trineos a grandes distancias. El perro más experimentado generalmente se coloca como guía en la posición delantera. Los perros necesitan varias horas de descanso y mucha comida y agua para poder aguantar los largos viajes. Con un mínimo de cuidados, un equipo de perros de trineo puede mantenerse fuerte y tener energía para correr durante varias horas.

1 ¿Qué conclusión puedes sacar sobre los perros *Husky siberiano* y *Malamute*, basándote en el párrafo?

A El *Malamute* es más grande que el *Husky siberiano*.

B Ambos perros son muy fuertes.

C El *Husky* siberiano suele tener un ojo azul y el otro marrón.

D Estos perros no son buenos como mascotas.

💡 **Sugerencia**
Busca una oración en el párrafo que te ayude a sacar una de las conclusiones de la lista.

2 ¿Qué oración NO es verdadera?

F Los perros de trineos deben seguir a un guía.

G Todos los perros del equipo tienen la misma experiencia.

H En viajes muy largos, los perros necesitan descansar.

J Los perros de trineos no son grandes, pero son muy fuertes.

💡 **Sugerencia**
Repasa el párrafo y busca una oración que sugiera lo contrario a una de esas oraciones.

3 ¿Qué generalización describe mejor a los perros de trineos de Alaska?

A Tienen mucha determinación.

B Tienden a abandonar la carrera después de un corto tiempo.

C Son amistosos y les gusta ser mascotas domésticas.

D Son extremadamente difíciles de entrenar.

💡 **Sugerencia**
¿Qué puedes concluir sobre los perros de trineos, basándote en los detalles del párrafo?

Cuaderno de práctica
Viajes lejanos

Nombre _____

TAREA
El sueño de Iditarod
Palabras de varios significados

▶ Lee las oraciones. Luego responde a las preguntas.

1. Los buenos conductores de trineos saben que mantener a los perros calmados es la **clave** del éxito.
   ¿Qué significa la palabra **clave** en esta oración?

   _____

   Escribe una oración donde uses la palabra clave con otro significado.

   _____

2. Las **marcas** de alce en la pista ponen nerviosa a la joven operadora de trineos.
   ¿Qué significa la palabra **marcas** en esta oración?

   _____

   Escribe una oración donde uses la palabra marcas con otro significado.

   _____

3. Cuando ella los vio, su miedo se hizo **mayor.**
   ¿Qué significa la palabra **mayor** en esta oración?

   _____

   Escribe una oración donde uses la palabra mayor con otro significado.

   _____

4. Si un alce aparecía, lo único que podía hacer era rezar para que éste no **cargara** contra ellos. ¿Qué significa la palabra **cargara** en esta oración?

   _____

   Escribe una oración donde uses la palabra cargara con otro significado.

   _____

5. Cuando la conductora de trineos terminó la carrera todos le dieron la **mano.**
   ¿Qué significa la palabra **mano** en esta oración?

   _____

   Escribe una oración donde uses la palabra mano con otro significado.

   _____

Cuaderno de práctica
Viajes lejanos

Nombre _____

El sueño de Iditarod

Gramática: Los sustantivos singulares y plurales

▶ **Escribe cada sustantivo. Si está en plural, escríbelo en singular. Si está en singular, escríbelo en plural.**

1. iglú _____
2. entrenadores _____
3. gancho _____
4. miércoles _____
5. peces _____
6. competidor _____
7. selecciones _____

▶ **Escribe cada oración reemplazando la palabra o palabras subrayadas con la forma plural del sustantivo.**

8. Esa posición no compite.
   _____

9. Dusty trae a los perros del camión.
   _____

10. El lunes vamos a ver las carreras.
    _____

¡Inténtalo! Busca diez palabras en un artículo de una revista y escribe cinco oraciones usando formas singulares o plurales. Usa dos de las palabras que escogiste en cada oración.

Cuaderno de práctica
Viajes lejanos

Nombre _____

El sueño de Iditarod

Ortografía: Palabras con c, s, z

▶ Dobla esta hoja por la línea punteada. Escribe en las líneas en blanco las palabras de ortografía que tu maestro o maestra lea en voz alta. Desdobla la hoja y comprueba lo que has escrito. Practica la ortografía de las palabras que hayas escrito mal.

1. _____
2. _____
3. _____
4. _____
5. _____
6. _____
7. _____
8. _____
9. _____
10. _____
11. _____
12. _____
13. _____
14. _____
15. _____
16. _____
17. _____
18. _____
19. _____
20. _____

PALABRAS DE ORTOGRAFÍA

1. viceversa
2. hortalizas
3. fugaces
4. postiza
5. fósil
6. sencilla
7. promesa
8. astutos
9. iniciar
10. delicadeza
11. cabeza
12. grueso
13. espesa
14. parecen
15. descalza
16. sensible
17. necesitaba
18. organizaron
19. competencia
20. comenzará

Cuaderno de práctica
Viajes lejanos

Nombre _____

Canción del bosque
Vocabulario

▶ **Completa las siguientes oraciones con las palabras de vocabulario.**

| parecerse | jubilamos | resoplaba | arreo | soltar | voluminosa | deliberadamente |

1. _____ tanto a un lobo no es muy común en un pastor alemán.

2. El labrador tuvo que _____ el _____ de la mula para que no se le hicieran llagas.

3. Tu perra me quitó la gorra _____ y la escondió.

4. Vista así de cerca, tu perra es realmente mucho más _____ que Trenzas.

5. Cuando tu perra _____, las demás perras se ponían nerviosas.

6. Si notas que Trenzas ya no nos trae el periódico por la mañana, es porque ya la _____.

▶ **Escribe la palabra de vocabulario correspondiente para completar las siguientes analogías.**

7. *Derretir* es a *congelar* lo que _____ es a *unir*.

8. *Casi* es a *exactamente* lo que _____ es a *coincidir*.

9. *Impermeable* es a *plástico* lo que _____ es a *cuero*.

10. *Silenciosamente* es a *sigilosamente* lo que _____ es a *intencionadamente*.

¡Inténtalo! Escribe un párrafo sobre un perro que conozcas. Utiliza al menos tres palabras de vocabulario en tu párrafo.

Cuaderno de práctica
Viajes lejanos

Nombre _____

TAREA
Canción del bosque

Resumir y parafrasear
PREPARACIÓN PARA LA PRUEBA

▶ **Lee el párrafo. Encierra en un círculo la letra de la mejor respuesta a cada pregunta.**

   Todas las personas que han tenido un perro tienen anécdotas en abundancia sobre las cosas increíbles y divertidas que hacen estos animales. Parece que cada par de meses aparece un artículo en el periódico sobre un perro que ha rescatado a un niño pequeño que se estaba ahogando, o que ha salvado de las llamas a su dueño. Sí, el lazo que une al perro con el ser humano es íntimo, y continúa estrechándose a lo largo de los miles de años que ambos hemos convivido y trabajado juntos.

1 ¿Cuál es el mejor resumen de este párrafo?
   A El ser humano y el perro llevan miles de años de tener una relación cercana.
   B A la mayoría de las personas les gustan los perros, y todo el mundo tiene un montón de anécdotas que contar sobre ellos.
   C Los perros han rescatado a miles de personas a lo largo de la historia.
   D Los periódicos suelen contener relatos sobre perros.

💡 **Sugerencia**
Escoge una respuesta que reúna todas las ideas del párrafo.

2 ¿Cuál es la mejor paráfrasis de la primera oración?
   F Los dueños de perros tienen un montón de relatos sobre las cosas tan increíbles y cómicas que hacen los perros.
   G Todas las personas que tienen perro están felices con él.
   H Las personas que tienen perro siempre se quejan de él.
   J Las personas que tienen perro cuentan bromas sobre las cosas divertidas y cómicas que hace.

💡 **Sugerencia**
Utiliza las pistas del contexto para averiguar lo que significan *anécdotas* y *abundancia*. Ahora escoge la mejor paráfrasis.

3 ¿Cuál es la mejor paráfrasis de la última oración?
   A El perro y el ser humano siempre han tenido una relación muy cercana.
   B El perro y el ser humano siempre han tenido el mismo tipo de relación durante miles de años.
   C El perro siempre ha sido forzado a trabajar para el hombre durante miles de años.
   D El perro y el ser humano se han hecho una mejor pareja a lo largo de los muchos años que llevan juntos.

💡 **Sugerencia**
¿Cuál de las respuestas enuncia de manera más completa y exacta la idea principal que el autor trata de transmitir?

© Harcourt

Cuaderno de práctica
Viajes lejanos

Nombre _____

Canción del bosque

Gramática: Los pronombres y los antecedentes

▶ **Encierra en un círculo los pronombres de las siguientes oraciones. En la línea en blanco, escribe el antecedente del pronombre.**

1. Podemos aprender cosas de los perros cuando pasamos tiempo con ellos.

   _____

2. Tormenta era un perro poderoso y lo jubilamos el año pasado. _____

3. A Tormenta le encantaba hacer bromas. _____

4. Cuando perdí mi sombrero, Tormenta se apoderó de él. _____

▶ **Vuelve a escribir las siguientes oraciones, reemplazando los sustantivos subrayados por el pronombre correspondiente.**

5. Tormenta miraba la estufa.

   _____

6. Tormenta me observó y sonrió.

   _____

7. Volví a meterme en el trineo.

   _____

8. Siempre nos observaba cargar el trineo.

   _____

¡Inténtalo! Busca información sobre otros animales que ayudan a los seres humanos a realizar sus actividades (por ejemplo, los caballos, los camellos o los bueyes). Escribe un informe de seis oraciones sobre el animal que escogiste. Cuando termines, encierra en un círculo cualquier pronombre que hayas usado y únelo a su antecedente con una flecha.

Cuaderno de práctica
Viajes lejanos

Nombre _____

Canción del bosque

Ortografía: Palabras compuestas

▶ Dobla esta hoja por la línea punteada. Escribe en las líneas en blanco las palabras de ortografía que tu maestro o maestra lea en voz alta. Desdobla la hoja y comprueba lo que has escrito. Practica la ortografía de las palabras que hayas escrito mal.

1. _____
2. _____
3. _____
4. _____
5. _____
6. _____
7. _____
8. _____
9. _____
10. _____
11. _____
12. _____
13. _____
14. _____
15. _____
16. _____
17. _____
18. _____
19. _____
20. _____

PALABRAS DE ORTOGRAFÍA

1. madreselva
2. pelirrojo
3. anteojos
4. sacapuntas
5. boquiabierto
6. paraguas
7. abrelatas
8. picaflor
9. minifalda
10. subibaja
11. altavoz
12. anteayer
13. tocadiscos
14. mediodía
15. puercoespín
16. sujetapapeles
17. medianoche
18. espantapájaros
19. radiocasete
20. microcéfalo

Cuaderno de práctica
Viajes lejanos

Nombre _____

La isla de los delfines azules
Vocabulario

▶ A medida que leas los párrafos, usa pistas del contexto para determinar el significado de las palabras de vocabulario que están en negrita. Luego escribe la palabra de vocabulario correcta al lado de su definición.

Laura y Juan iban a zambullirse en el mar. Su perrito los miraba alejarse, y ladraba desde el **acantilado.**

—Mira —dijo Juan—, Melocotón está **incitándonos** a ir más lejos. Laura no quería ir demasiado lejos porque una vez había visto como un barco **cabeceaba** hacia el fondo durante una tormenta, y le daba un poco de miedo.

Juan llevaba puesta una camiseta vieja y unos pantalones de baño, pero como Laura era más **presumida** llevaba un lindo traje de baño nuevo y una mascarilla y aletas para nadar.

Aunque el mar estaba fuerte, debajo del agua todo era tranquilo. Laura y Juan vieron cosas maravillosas, incluso una **guarida** donde se refugió una anguila. Al encontrar conchas de **abulones,** la criatura que más les interesaba, se sintieron felices. "Es imposible sentir **abatimiento** o tristeza cuando uno se zambulle en el mar", pensó Laura.

Esa noche, los dos niños cenaron con mucha hambre y soñaron con bellas criaturas marinas.

1. que tiraba hacia el fondo del mar _____
2. desconsuelo, falta de ánimo _____
3. que se siente elegante y orgullosa _____
4. animándonos a hacer algo _____
5. terreno de la costa cortado verticalmente _____
6. lugar donde se refugian algunos animales _____
7. animales marinos que viven en su concha _____

¡Inténtalo! Escribe un párrafo sobre una isla tropical, real o imaginaria. Describe cómo es la isla y que se podría descubrir allí. Usa por lo menos cuatro palabras de vocabulario.

Cuaderno de práctica
Viajes lejanos

Nombre _____

TAREA
La isla de los delfines azules

Elementos narrativos
PREPARACIÓN PARA LA PRUEBA

▶ **Lee el párrafo. Luego encierra en un círculo la letra de la mejor respuesta a cada pregunta.**

Anita y Sara acostumbraban hacer largas caminatas por la isla. A veces platicaban y se reían al andar, pero a menudo caminaban silenciosas escuchando el viento y el piar de las aves. Un domingo por la mañana, las niñas caminaban en silencio, cuando oyeron un ruidito. Siguieron el sonido, que se hizo más fuerte cuando se apartaron del sendero. En una rama que colgaba sobre una laguna, vieron a un pobre gatito aferrado con todas sus fuerzas. Mientras le hablaba quedamente para no asustarlo, Sara se acercó poco a poco, y rescató al gatito. Anita le preparó un lugar suave y cómodo en su mochila.

1 ¿Qué sabes acerca de Anita y Sara?

A Se llevan bien.

B Le tienen miedo a los animales.

C Son amigas.

D Viven en un lugar plano y seco.

💡 **Sugerencia**
¿Qué idea te formas de las niñas con las dos primeras oraciones?

2 ¿Qué problema se les presenta a las niñas?

F Sólo una de ellas tiene mochila.

G Les molesta un ruido mientras caminan.

H Se salen del sendero y se pierden.

J Encuentran un gatito asustado.

💡 **Sugerencia**
Piensa en la cosa más seria que les pasa a las niñas.

3 ¿Qué hay que hacer antes de resolver el problema?

A Sara tiene que tranquilizar al gato.

B Sara tiene que treparse al árbol.

C Anita tiene que encontrar su mochila.

D Las niñas tienen que vencer su propio miedo.

💡 **Sugerencia**
Primero encuentra la solución. Luego retrocede desde allí para responder a esta pregunta.

Cuaderno de práctica
Viajes lejanos

Nombre _____

TAREA
La isla de los delfines azules
Inferir

▶ **Lee cada pasaje. Luego responde a cada pregunta.**

Binh sentía como un aleteo en el estómago. Repasó la lista de provisiones: cerillos, saco para dormir, hoja grande de plástico, navaja, hacha y todo lo demás. Su aventura iba a comenzar pronto, estuviera lista o no.

1. ¿Cómo se siente Binh en este momento? _____

_____

2. ¿Qué palabras y frases te permitieron hacer esta inferencia? _____

_____

Después de tres días en el bosque, Binh montó su tienda de campaña y encendió una fogata en la mitad del tiempo que la había tomado la primera vez. Cenó bien con carne seca y bayas que acababa de recoger, tocó la armónica un rato y se quedó dormida en cuanto se acostó en su saco de dormir.

3. ¿Cómo se siente Binh acampando en el bosque después de tres días? _____

_____

4. ¿Qué palabras y frases te permitieron hacer esta inferencia? _____

_____

Toda la clase estaba en silencio con los ojos fijos en Binh mientras ella presentaba su informe. Cuando habló de su encuentro con el puma, se oyó un gran grito de asombro.

5. ¿Cómo se sentían los compañeros de Binh respecto a su informe: desconcertados, aburridos o fascinados? _____

_____

6. ¿Qué palabras y frases te permitieron hacer esta inferencia? _____

_____

Cuaderno de práctica
Viajes lejanos

Nombre _____

La isla de los delfines azules

Gramática: Los posesivos

▶ **Las siguientes oraciones tienen posesivos. Vuelve a escribir cada posesivo y el sustantivo que modifica.**

1. Mi hermana estaba enamorada de Nanko. _____

2. Ramo llevaba una de nuestras cestas. _____

3. Le prohibí que fuera al poblado en busca de su lanza. _____

▶ **Completa cada oración con un posesivo. No uses las mismas palabras más de una vez.**

4. Este es mi cesto. ¿Dónde está el _____?

5. La hermana de Rafa no es muy valiente, pero la _____ sí lo es.

6. Dile a _____ padres que los visitaremos pronto.

▶ **Vuelve a escribir las siguientes oraciones, reemplazando el adjetivo posesivo y el sustantivo que modifica por el correspondiente pronombre posesivo.**

7. Mi hermana es muy valiente.

   _____

8. Nuestros familiares viven en aquella isla.

   _____

¡Inténtalo! Escribe un párrafo en el que describas a tu familia o a tus amigos. Usa adjetivos y pronombres posesivos. Comparte tu descripción con tus compañeros y compañeras de clase.

Cuaderno de práctica
Viajes lejanos

Nombre _____

La isla de los delfines azules

Ortografía: Palabras para los animales salvajes

▶ Dobla esta hoja por la línea punteada. Escribe en las líneas en blanco las palabras de ortografía que tu maestro o maestra lea en voz alta. Desdobla la hoja y comprueba lo que has escrito. Practica la ortografía de las palabras que hayas escrito mal.

1. _____
2. _____
3. _____
4. _____
5. _____
6. _____
7. _____
8. _____
9. _____
10. _____
11. _____
12. _____
13. _____
14. _____
15. _____
16. _____
17. _____
18. _____
19. _____
20. _____

PALABRAS DE ORTOGRAFÍA

1. coyote
2. león
3. pantera
4. gorila
5. tigre
6. víbora
7. elefante
8. puma
9. cocodrilo
10. jaguar
11. hipopótamo
12. rinoceronte
13. armadillo
14. leopardo
15. cebra
16. canguro
17. oso
18. hiena
19. zorro
20. lobo

Cuaderno de práctica
Viajes lejanos

Nombre _____

Everglades Vocabulario

▶ Al leer el párrafo, usa pistas del contexto para determinar lo que significa cada palabra de vocabulario que está en negrita. Luego escribe la palabra junto a su definición.

En la selva había una **plenitud** de hermosas orquídeas en flor.
Vimos pasar una **multitud** de pájaros sobre nuestra cabeza.
Las **juncias** se elevaban de aquel pantanoso terreno con la valentía de un soldado.
¿Cómo sería la Tierra hace **eones,** cuando se acababa de formar?
Contemplamos el bello **calidoscopio** que formaban los peces del estanque.

1. cantidad grande, abundancia _____

2. plantas de terreno pantanoso _____

3. las divisiones más largas de tiempo geológico _____

4. trozo de tierra rodeado de agua _____

5. mucho _____

6. conjunto de colores hermosos _____

▶ Sigue las siguientes instrucciones.

7. Escribe una oración sobre la Tierra en la era de los dinosaurios. Utiliza la palabra de vocabulario **eones** en tu oración.

_____
_____

8. Escribe una oración sobre una experiencia que hayas tenido explorando la naturaleza. Utiliza la palabra de vocabulario **calidoscopio** en tu oración.

_____
_____

¡Inténtalo! Escribe un cuento que tenga lugar hace eones. Utiliza las palabras de vocabulario.

Cuaderno de práctica
Viajes lejanos

Nombre _____

TAREA
Everglades
Prefijos, sufijos y raíces
PREPARACIÓN PARA LA PRUEBA

▶ **Lee el párrafo. Encierra en un círculo la letra de la mejor respuesta a cada pregunta.**

    Un pequeño bote nos llevó a la isla. "Tengan cuidado y no se olviden de regresar al muelle a las cuatro", nos dijo el capitán cuando desembarcamos. Pasamos un día fascinante explorando la frondosa isla, que tenía una multitud de animales salvajes. Desafortunadamente, por la tarde Daniel se torció un tobillo. Caminaba tan lentamente por el dolor, que yo pensé que era imposible que pudiéramos llegar al muelle a las cuatro, aunque finalmente lo logramos. Por suerte, el tobillo de Daniel se recuperó en pocos días. ¡No podíamos dejar de hablar sobre nuestro emocionante viaje!

1 ¿Qué quiere decir *desafortunadamente*?

  A sin fortuna

  B por fortuna

  C con cierta fortuna

  D gracias a

💡 **Sugerencia**
¿Cuál es la raíz de la palabra *desafortunadamente*? ¿Qué aportan al significado el prefijo y el sufijo?

2 ¿Cuál es la raíz de la palabra *emocionante*?

  F *-cionante*

  G *emocion-*

  H *-em*

  J *-cion-*

💡 **Sugerencia**
Quítale el sufijo a la palabra *emocionante*. ¿Qué palabra queda?

3 ¿Qué palabra NO tiene el mismo prefijo que *imposible*?

  A improbable

  B imagen

  C impredecible

  D impensable

💡 **Sugerencia**
Piensa en lo que significa *im-* en la palabra *imposible*. Compara este significado con lo que significa *im-* en el resto de las respuestas.

Cuaderno de práctica
Viajes lejanos

Nombre _____

TAREA
Everglades
Técnicas de búsqueda

▶ **Lee las preguntas. Luego escribe las palabras clave que utilizarías para hacer una búsqueda en Internet para encontrar la respuesta a esas preguntas. Cuando quieras encontrar páginas que contengan un grupo de palabras en un orden determinado, ponle comillas al grupo de palabras tanto al principio como al final.**

1. ¿Es el Everglades de Florida un parque nacional?
   _____ Y _____

2. ¿Cómo ha afectado el desarrollo a la fauna del Everglades?
   _____ Y _____ Y _____

3. ¿Cuál es la planta menos común que crece en el Everglades?
   _____

4. ¿Dónde podrías quedarte si fueras de visita al Everglades?
   _____ O _____

5. ¿Qué indios americanos viven cerca del Everglades?
   _____ Y _____

▶ **Responde a las siguientes preguntas sobre el uso de un fichero de tarjetas.**

6. ¿Qué tipo de tarjeta buscarías para ver si una biblioteca tiene un libro sobre el Everglades?
   _____

7. ¿Qué tipos de tarjetas usarías para encontrar un libro de William Thompson sobre el Everglades?
   _____

8. ¿Cuál de estos títulos aparece primero en un fichero de tarjetas: *Los animales del Everglades*, *Aves del Everglades*, *Aventuras en el Everglades*? ¿Por qué?
   _____
   _____

Cuaderno de práctica
Viajes lejanos

Nombre _____

Everglades
Gramática:
Los adjetivos y los artículos

▶ **En la línea en blanco, escribe los adjetivos y artículos que encuentres en las siguientes oraciones.**

1. Mi cuento será distinto porque el Everglades es un río diferente.
_____

2. Sólo hay un maravilloso Everglades en nuestro planeta.
_____

3. Los conquistadores tuvieron miedo de las espinosas juncias, así que siguieron su camino. _____

4. Los recolectores de orquídeas usan esas hermosas flores para decorar los vestidos de sus esposas. _____

▶ **Completa las siguientes oraciones con el adjetivo o artículo entre paréntesis que corresponda.**

5. El cuentista le dijo a _____ niños que los cazadores mataron muchos animales. **(nuestro, los)**

6. Los niños escucharon _____ cuento con atención **(la, su)**

7. En _____ jardín hay un pequeño estanque. **(nuestro, los)**

8. _____ mejor amigo vive en Florida. **(Mío, Mi)**

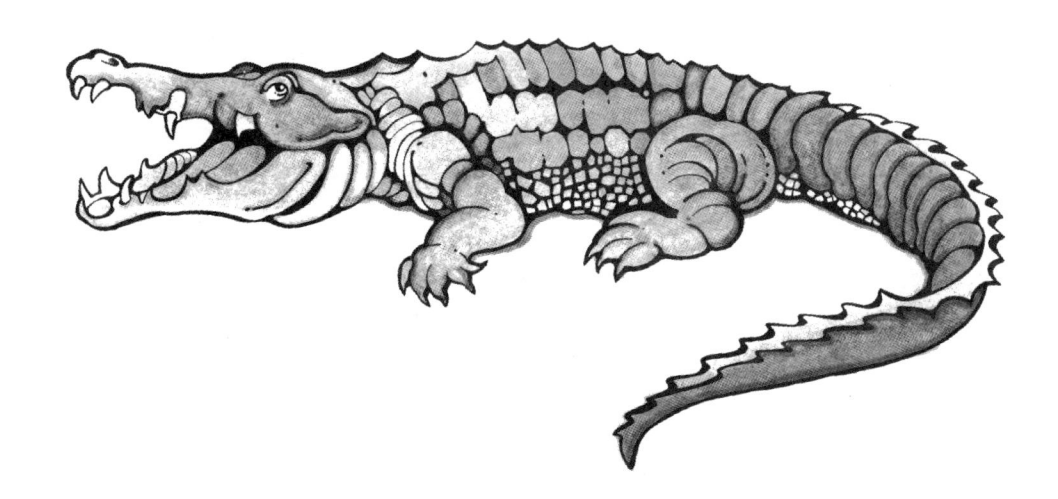

Cuaderno de práctica
Viajes lejanos

Nombre _____

Everglades
Ortografía: Combinaciones de vocales *ai*, *au*, *ay*

▶ Dobla esta hoja por la línea punteada. Escribe en las líneas en blanco las palabras de ortografía que tu maestro o maestra lea en voz alta. Desdobla la hoja y comprueba lo que has escrito. Practica la ortografía de las palabras que hayas escrito mal.

1. _____
2. _____
3. _____
4. _____
5. _____
6. _____
7. _____
8. _____
9. _____
10. _____
11. _____
12. _____
13. _____
14. _____
15. _____
16. _____
17. _____
18. _____
19. _____
20. _____

PALABRAS DE ORTOGRAFÍA

1. auto
2. autobús
3. aunque
4. aullar
5. restaurante
6. rayos
7. mayonesa
8. haya
9. guacamayas
10. aumentan
11. bailan
12. traigo
13. caigo
14. paisano
15. naipes
16. pausa
17. vayamos
18. causaban
19. caimanes
20. aún

Cuaderno de práctica
Viajes lejanos

Nombre _____

Verano de fuego
Vocabulario

▶ Al leer el párrafo, usa pistas del contexto para determinar lo que significa cada palabra de vocabulario que está en negrita. Luego escribe la palabra junto a su definición.

En el parque, el suministro de agua acaba de **menguar** hasta llegar al nivel más bajo de los últimos cincuenta años. Parecía como si el chorro del **géiser** fuera la única fuente de agua en toda la zona. Para evitar **siniestros**, los que acampaban allí trataban de seguir la **política** de apagar con agua las hogueras para que no quedaran **brasas** encendidas. Junto a una **bifurcación** del camino estaba la caseta del guardabosques. Los incendios forestales provocados por el hombre son malos para el bosque, ya que queman rápidamente los arbustos, las hojas de los árboles y las ramas de la **bóveda** del bosque.

1. agua subterránea caliente que sale de la tierra _____

2. catástrofe inesperada, accidente _____

3. división en dos de un camino o carretera _____

4. los trozos de madera que quedan encendidos cuando se apaga un fuego _____

5. cubierta que envuelve una superficie _____

6. disminuir en tamaño, valor o cantidad _____

7. norma que sigue una organización _____

▶ Escribe la palabra de vocabulario que completa mejor cada oración.

8. Vimos como el _____ echaba agua hacia arriba.

9. Cuanto más vamos a beber, más van a _____ nuestras reservas de agua.

10. Debajo de las cenizas, todavía había _____ ardiendo.

¡Inténtalo! Escribe tres oraciones para describir lo que es un *géiser*. Utiliza palabras descriptivas para indicar qué aspecto tiene y qué sensación y sonidos produce.

Cuaderno de práctica
Viajes lejanos

Nombre _____

TAREA
Verano de fuego
Elementos gráficos
PREPARACIÓN PARA LA PRUEBA

▶ Lee el siguiente párrafo. Consulta el mapa y encierra en un círculo la letra de la mejor respuesta a cada pregunta.

El Parque Nacional Yellowstone tiene más de 2 millones de acres de extensión. Sus visitantes pueden contemplar el Gran Cañón de Yellowstone, el géiser llamado Viejo Fiel y el Lago Yellowstone. Pueden también ver bisontes todo el año. Los bisontes pastan por las praderas que hay entre el Viejo Fiel y Madison.

1 ¿Qué información del párrafo queda mucho más clara al mirar el mapa?

  A la ubicación exacta del parque

  B el tamaño del parque

  C la profundidad del Gran Cañón de Yellowstone

  D el aspecto del Viejo Fiel

> **Sugerencia**
> Piensa en la información que aparece tanto en el pasaje como en el mapa. El mapa te ayuda a entender cierta información. ¿Cuál?

2 ¿Qué está directamente al Norte del Lago Yellowstone?

  F Madison

  G Viejo Fiel

  H Gran Cañón de Yellowstone

  J aguas termales Mammoth

> **Sugerencia**
> Busca el Lago Yellowstone en el mapa. La rosa de los vientos te ayudará a encontrar el lugar turístico que hay al Norte del lago.

3 ¿Qué puedes descubrir en el mapa, pero no leyendo el pasaje?

  A que el Viejo Fiel está en el parque Yellowstone

  B el número de bisontes que se pueden ver todo el año

  C que los bisontes pueden verse durante todo el año

  D que los bisontes se encuentran en la zona oeste del parque

> **Sugerencia**
> Busca información que sólo aparezca en el mapa. Recuerda que, por lo general, los mapas sirven para visualizar la ubicación de los lugares.

Cuaderno de práctica
Viajes lejanos

Nombre _____

Verano de fuego
Estructura del texto: Secuencia

▶ Lee los párrafos. Luego responde las siguientes preguntas.

Los incendios de Yellowstone

La estación de incendios de 1988 comenzó el 24 de mayo en el Parque Nacional Yellowstone. Las primeras llamas surgieron a raíz de un rayo que cayó en un árbol. El 23 de junio, un relámpago provocó otro incendio. Dos días después, otro relámpago causó otro incendio más. No se intentó extinguir los incendios porque se esperaban pronto las lluvias de verano.

Problemas inesperados

Sin embargo, las lluvias de verano no llegaron. Para mediados de julio, 8,600 acres de bosque habían sido calcinadas. Durante julio y agosto, los incendios aumentaron de tamaño. Para el 20 de agosto, se habían quemado más de 150,000 acres. El 6 de septiembre, los bomberos intervinieron para proteger los edificios que rodeaban al Viejo Fiel. El incendio que amenazaba al géiser había comenzado el 22 de julio, y no había dejado de intensificarse.

Golpe de suerte

A última hora, el 7 de septiembre, el viento cambió de dirección y alejó las llamas del Viejo Fiel. Finalmente, el 10 de septiembre comenzó a llover. Al día siguiente nevó por todo el parque. Todavía siguieron ardiendo algunos incendios aislados hasta noviembre, pero lo peor ya había pasado.

1. ¿En qué tipo de estructura del texto se presentan los eventos en el orden en que sucedieron? _____

2. ¿Qué encabezamiento te indica que la situación mejoró? _____

▶ Escribe en esta línea cronológica lo que sucedió en cada fecha.

- mayo 24, 1988 — 3. _____
- 4. _____
- junio 23, 1988
- junio 25, 1988 — 5. _____
- 6. _____
- julio 22, 1988 — 7. _____
- 8. _____
- septiembre 6, 1988
- septiembre 7, 1988 — 9. _____
- septiembre 11, 1988
- septiembre 12, 1988 — 10. _____

Cuaderno de práctica
Viajes lejanos

Nombre _____

Verano de fuego

Gramática: La concordancia entre el sustantivo y el adjetivo

▶ **Completa las siguientes oraciones con el adjetivo entre paréntesis que corresponda.**

1. El verano fue caluroso y muy _____. **(seca, seco)**
2. Los rayos provocaron incendios _____. **(forestales, forestal)**
3. El _____ resplandor del Sol marchitó las cosechas. **(intensos, intenso)**
4. El fuego oscureció el cielo en lugares _____. **(distante, distantes)**
5. _____ nubes de humo rodeaban el horizonte. **(Enorme, Enormes)**

▶ **Escribe las siguientes oraciones de forma tal que todos los sustantivos y adjetivos estén en plural.**

6. El incendio destruyó el hermoso bosque.
   _____

7. Un gigantesco rayo inició el terrible incendio.
   _____

8. El valiente bombero salvó a la pequeña niña.
   _____

¡Inténtalo! Escribe cinco oraciones sobre un desastre natural, como un incendio o una tormenta. Utiliza muchos adjetivos y asegúrate de que éstos concuerden en género y número con los sustantivos que modifican.

Cuaderno de práctica
Viajes lejanos

Nombre _____

Verano de fuego

Ortografía: Palabras con ge, gi, je, ji

▶ Dobla esta hoja por la línea punteada. Escribe en las líneas en blanco las palabras de ortografía que tu maestro o maestra lea en voz alta. Desdobla la hoja y comprueba lo que has escrito. Practica la ortografía de las palabras que hayas escrito mal.

1. _____
2. _____
3. _____
4. _____
5. _____
6. _____
7. _____
8. _____
9. _____
10. _____
11. _____
12. _____
13. _____
14. _____
15. _____
16. _____
17. _____
18. _____
19. _____
20. _____

PALABRAS DE ORTOGRAFÍA

1. cojea
2. viaje
3. protegemos
4. inteligente
5. dejemos
6. refugio
7. objeto
8. ligero
9. página
10. ángel
11. ajeno
12. agujero
13. perejil
14. gestión
15. agitar
16. imaginario
17. rugía
18. vegetación
19. géiser
20. paisaje

Cuaderno de práctica
Viajes lejanos

Nombre _____

**Los océanos
Vocabulario**

▶ Lee las palabras de vocabulario que están en negrita. Luego escribe en la línea la palabra que completa mejor cada oración.

| gravitacionales | ensenada | crestas |
| protuberancia | originó | vuelca |

1. Las atracciones _____ de la Luna y el Sol afectan la marea.

2. La marea alta formó una _____ en la superficie del océano.

3. Desde la playa puedo ver las _____ de las olas que se acercan.

4. Los botes estaban anclados en una estrecha _____ al norte de la isla.

5. Fue un terremoto submarino lo que _____ la ola destructora.

6. Una ola gigante _____ enormes cantidades de agua al romperse.

▶ Escribe la palabra de vocabulario que tenga el significado opuesto de las siguientes palabras o expresiones.

7. zona hundida _____

8. seno (de una ola) _____

9. resultó _____

¡Inténtalo! Escribe un párrafo sobre un terremoto submarino. Utiliza todas las palabras de vocabulario.

Cuaderno de práctica
Viajes lejanos

Nombre _____

TAREA
Los océanos
Estructura del texto: Idea principal y detalles
PREPARACIÓN PARA LA PRUEBA

▶ **Lee el párrafo. Luego encierra en un círculo la letra de la mejor respuesta a cada pregunta.**

Se han utilizado muchos métodos para medir la profundidad del océano. Hace muchos años, los marineros bajaban una soga por el lado del barco. Cuando el cabo de la soga tocaba el fondo, podían saber qué tan profunda era el agua. Los científicos de la actualidad miden la profundidad del agua con una sonda acústica que hace rebotar ondas sonoras en el fondo del océano. La profundidad se puede determinar por el tiempo que demoran las ondas sonoras en recorrer la distancia.

1 ¿Cuál es la idea principal del párrafo?

A La profundidad del océano se mide con sogas.

B La profundidad del océano se mide con sondas acústicas.

C Los marineros miden la profundidad del océano.

D Se han utilizado diferentes métodos para medir la profundidad del océano.

> **Sugerencia**
> Busca la oración que resume el párrafo. Esa es la idea principal.

2 ¿Cómo está organizado el párrafo?

F La idea principal aparece primero, seguida por los detalles.

G La idea principal está a la mitad. Los detalles están al principio y al final.

H Los detalles aparecen primero. La idea principal está al final.

J Solamente hay detalles.

> **Sugerencia**
> Piensa en qué tipos de oraciones siguen a la idea principal.

3 ¿Cuál de los siguientes es un detalle del párrafo?

A Se han utilizado muchos métodos para medir la profundidad de los océanos.

B Los marineros tripulan barcos.

C Las sondas acústicas hacen rebotar ondas sonoras en el fondo del océano.

D El buceo puede conducir a los marineros a aguas profundas.

> **Sugerencia**
> Vuelve a leer el párrafo. Elige la respuesta que sea un detalle del párrafo.

Cuaderno de práctica
Viajes lejanos

Nombre _____

Los océanos
Gramática:
Los adjetivos demostrativos

▶ **Escoge el adjetivo demostrativo adecuado para cada oración.**

1. Los científicos no saben qué causó _____ marea.
   (estos, esa)

2. Están dispuestos a examinar _____ resultados.
   (estos, esta)

3. _____ ola es enorme. **(Ese, Aquella)**

▶ **Reemplaza los adjetivos demostrativos por otros que indiquen más distancia.**

4. Esos barcos no deberían navegar con este tiempo. _____

5. Esta ensenada no parece ser muy profunda. _____

6. Este punto de la costa siempre recibe el golpe de las olas. _____

▶ **Vuelve a escribir cada oración, reemplazando los artículos definidos o indefinidos subrayados por un adjetivo demostrativo.**

7. La isla ha recibido el azote de varios tsunamis.
   _____

8. Una playa cercana muestra los efectos del golpe constante de las olas.
   _____

9. Martín y yo encontramos unas rocas pulidas por el mar.
   _____

Cuaderno de práctica
Viajes lejanos

Nombre _____

Los océanos
Ortografía: Combinaciones de consonantes con la m

▶ Dobla la hoja a lo largo de la línea punteada. A medida que escuches cada palabra, escríbela sobre la línea. Luego, desdobla la hoja y revisa tu trabajo. Escribe otra vez las palabras en las que te equivocaste.

1. _____
2. _____
3. _____
4. _____
5. _____
6. _____
7. _____
8. _____
9. _____
10. _____
11. _____
12. _____
13. _____
14. _____
15. _____
16. _____
17. _____
18. _____
19. _____
20. _____

PALABRAS DE ORTOGRAFÍA

1. combinan
2. contemplar
3. membrana
4. también
5. improviso
6. implícito
7. complexión
8. complicado
9. ejemplo
10. sombrilla
11. sombra
12. escombros
13. impresión
14. implacable
15. amplio
16. simplemente
17. siempre
18. tiempo
19. comparación
20. rompe

Cuaderno de práctica
Viajes lejanos

Nombre _____

Las estrellas
Vocabulario

▶ Lee las siguientes palabras de vocabulario. Luego lee los grupos de palabras relacionadas. Escribe la palabra de vocabulario que va con cada grupo.

| contemplación | acarreando | incandescente |
| intrínseco | condensó | núcleo |

1. centro
   clave
   punto
   _____

2. transportando
   llevando
   moviendo
   _____

3. caliente
   luminoso
   rojo
   _____

4. característico
   propio
   interior
   _____

5. atención
   meditación
   observación
   _____

6. se hizo más denso
   se solidificó
   se comprimió
   _____

▶ Escribe la palabra de vocabulario que completa mejor cada oración.

A los astrónomos les encanta observar las estrellas y dedican mucho tiempo a la (7) _____ del cielo. En una noche estrellada, parece que el firmamento está (8) _____ puntos luminosos de Oriente a Poniente. La estrella más brillante para nosotros, el Sol, se formó cuando (9) _____ una nube de gas y polvo hace 4,500 millones de años. El brillo (10) _____ del Sol se debe al calor. El Sol, como todas las estrellas, es una esfera de gas (11) _____.

Es el (12) _____ de nuestro Sistema Solar y todos los astros giran alrededor de él.

Cuaderno de práctica
Viajes lejanos

Nombre _____

TAREA
Las estrellas
Elementos gráficos
PREPARACIÓN PARA LA PRUEBA

▶ Lee el párrafo. Encierra en un círculo la letra de la mejor respuesta a cada pregunta.

El estudio de las estrellas (la astronomía) es muy interesante. Los astrónomos observan las estrellas con instrumentos como los telescopios y los satélites que ellos lanzan al espacio. Nuestro Sistema Solar es el conjunto de todos los astros que giran alrededor del Sol. La trayectoria circular de los planetas y otros astros se llama órbita. Algunos de los planetas llevan el nombre de dioses griegos porque los pueblos de la antigüedad dieron a los astros brillantes nombres que provenían de sus leyendas o de su religión. Hay ocho planetas en nuestro Sistema Solar y el Sol está en el centro de ellos. El Sol se formó cuando se condensó una nube de gas y polvo hace millones de años.

1 ¿Qué parte del párrafo se aclara con el diagrama?
   A que el estudio de las estrellas se llama astronomía
   B cómo los astrónomos estudian las estrellas
   C cómo están ubicados los planetas en sus órbitas alrededor del Sol
   D que el Sol se formó cuando se condensó una nube de gas y polvo

2 ¿Qué información te da el diagrama, pero no el texto?
   F los nombres específicos de los planetas
   G la órbita de los planetas
   H la ubicación del Sol al centro del Sistema Solar
   J el número de planetas

Sistema Solar

Cuaderno de práctica
Viajes lejanos

Nombre _____

TAREA
Las estrellas
Sintetizar

▶ **Lee la lista de datos de estas dos tarjetas y responde a las preguntas.**

a. El satélite Viking fotografió Marte.
b. La temperatura promedio de Marte es mucho más fría que la de la Tierra.
c. Un viaje de ida y vuelta de la Tierra a Marte puede durar entre dos y tres años.

de *Pioneering Space* por Sandra Markle, N.Y., Atheneum, 1992.

d. En 1976, dos naves Viking, sondas espaciales, aterrizaron en Marte.
e. Dos naves espaciales lanzadas en 1996 siguen estudiando Marte desde sus órbitas y desde la superficie del planeta.
f. Marte tiene tormentas de polvo tan fuertes como para enterrar una sonda espacial.

de *Space Exploration* por Carol Stott. NY: Alfred K, Knopf, 1997.

1. ¿Qué tres hechos usarías para escribir sobre las dificultades que los astronautas podrían tener al explorar Marte?

_____
_____
_____

2. Escribe una conclusión específica que puedes sacar de estos tres datos.

_____

3. ¿Qué tres datos usarías para contar cómo los científicos han aprendido acerca de Marte? Escríbelos en las líneas.

_____
_____
_____

4. Escribe una conclusión específica que puedes sacar de estos tres datos. _____

Cuaderno de práctica
Viajes lejanos

Nombre _____

Las estrellas

Gramática: Los pronombres demostrativos

▶ **Vuelve a escribir las siguientes oraciones, reemplazando las palabras subrayadas con un pronombre demostrativo.**

1. Esas estrellas se ven muy brillantes y <u>estas estrellas</u> también.

2. Luis está usando este telescopio y Andrés está usando <u>aquel telescopio</u>.

3. Esos estudiantes de astronomía descubrieron muchas estrellas, pero <u>estos estudiantes de astronomía</u> descubrieron más.

4. Los astronautas vieron la Tierra desde el espacio y <u>la Tierra</u> les pareció muy bella.

5. Estos planetas están más cerca del Sol y <u>aquellos planetas</u> están más lejos.

▶ **Subraya el pronombre demostrativo de cada oración. Luego vuelve a escribir las oraciones con el pronombre demostrativo correcto.**

6. Todos debemos cuidar la Tierra. Aquél es nuestra casa.

7. Aquellos astronautas tienen mucha experiencia, pero éste tienen más.

8. Estas estrellas se encuentran muy lejos, pero éste se encuentran todavía más lejos.

Cuaderno de práctica
Viajes lejanos

Nombre _____

Las estrellas
Ortografía: Palabras relacionadas

▶ **Dobla esta hoja por la línea punteada. Escribe en las líneas en blanco las palabras de ortografía que tu maestro o maestra lea en voz alta. Desdobla la hoja y comprueba lo que has escrito. Practica la ortografía de las palabras que hayas escrito mal.**

1. _____
2. _____
3. _____
4. _____
5. _____
6. _____
7. _____
8. _____
9. _____
10. _____
11. _____
12. _____
13. _____
14. _____
15. _____
16. _____
17. _____
18. _____
19. _____
20. _____

PALABRAS DE ORTOGRAFÍA

1. libro
2. librero
3. librería
4. marino
5. marea
6. mar
7. marinero
8. salvar
9. salvación
10. salvavidas
11. salvo
12. solo
13. soledad
14. solitario
15. solista
16. soltero
17. astronomía
18. astronómico
19. arqueología
20. arqueólogos

Cuaderno de práctica
Viajes lejanos

Nombre _____

El caso de los tripulantes del objeto volador
Vocabulario

▶ Lee las palabras de vocabulario. Luego escribe la palabra correcta que completa mejor cada oración.

| traductora | publicidad | rasgos | penetrantes | avanzados |

No entendimos ni una palabra de lo que dijeron las criaturas, así que preguntamos a nuestra **(1)** _____. Todos tenían ojos

(2) _____ que parecían meterse hasta nuestros pensamientos.

Sus otros **(3)** _____, sobre todo su boca, parecían muy pequeños. Muy pronto nos dimos cuenta de que querían presumir de cómo **(4)** _____ son ellos. ¡Incluso habían impreso panfletos para obtener un poco de

(5) _____ gratis!

▶ Escribe la palabra de vocabulario que va mejor con cada grupo de palabras.

boca
orejas
nariz
barba

periódico
radio
volantes
anuncios

6. _____

7. _____

civilizados
inteligentes
adelantes
cultos

8. _____

¡Inténtalo! Escribe el primer párrafo de un cuento de ciencia ficción. Utiliza por lo menos tres las palabras de vocabulario en tu párrafo.

Cuaderno de práctica
Viajes lejanos

Nombre _____

TAREA
El caso de los tripulantes del objeto volador

Estructura del texto: Idea principal y detalles
PREPARACIÓN PARA LA PRUEBA

▶ **Lee el párrafo. Luego encierra en un círculo la letra de la mejor respuesta a cada pregunta.**

En muchos libros hay relatos acerca de objetos voladores y encuentros cercanos con extraterrestres, o criaturas de otros planetas. Hay personas que incluso dicen que fueron llevadas a otros planetas y que luego volvieron a casa a salvo. Parece que a algunas personas las atrae la idea de los extraterrestres de otros planetas. Pero después de muchos años de supuestos encuentros con extraterrestres, sigue habiendo preguntas sin responder. Hasta que haya pruebas, debemos asumir que la vida extraterrestre no existe.

1 ¿Cuál es la idea principal de este párrafo?

A Hay personas que afirman que han sido llevadas a otros planetas.

B Mucha personas han visto extraterrestres.

C No hay pruebas de que haya vida extraterrestre.

D En muchos libros hay relatos acerca de objetos voladores.

💡 **Sugerencia**
¿Qué respuesta expresa mejor las ideas importantes del autor y sus sentimientos acerca del tema?

2 ¿Qué detalle apoya esta idea principal?

F Hay personas que dicen que volvieron a casa a salvo.

G La idea de extraterrestres de otros planetas atrae a ciertas personas.

H Las pruebas de vida extraterrestre han creado preguntas.

J Muchos años de supuestos encuentros con extraterrestres no han dado respuestas.

💡 **Sugerencia**
¿Qué respuesta da más información acerca de la opinión del autor?

3 ¿Cuál de los detalles siguientes también se podría usar para apoyar la idea principal?

A Roswell, Nuevo México es un centro bien conocido de OVNIs.

B A veces se ha confundido a los globos meteorológicos con naves espaciales.

C Programas en la televisión como *The X-Files* muestran cómo los extraterrestres podrían relacionarse con la gente.

D Muchas veces, a las personas les da miedo lo desconocido.

💡 **Sugerencia**
Escoge el detalle que se podría usar para mostrar por qué no hay "pruebas firmes".

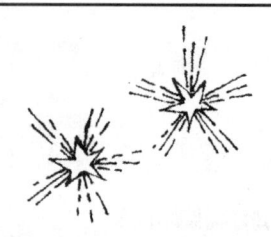

Cuaderno de práctica
Viajes lejanos

Nombre _____

TAREA
El caso de los tripulantes del objeto volador

Mensajes en los medios de comunicación

▶ **Mira los dibujos. Luego responde a las preguntas.**

1. ¿Cómo se siente el extraterrestre en relación con el perro?

_____

2. ¿Cómo se siente el perro en relación con el extraterrestre?

_____

3. Si ésta fuera una foto verdadera en un periódico, ¿en quién se enfocaría el periódico para mostrar que los perros despiertan la curiosidad de los extraterrestres?

_____

4. De acuerdo con el dibujo, ¿qué es lo que probablemente va a pasar?

_____

5. ¿Ahora cómo se sienten el extraterrestre y el perro?

_____

6. ¿Qué titular usaría un periódico para mostrar que esta foto muestra algo bueno?

_____

Cuaderno de práctica
Viajes lejanos

Nombre _____

El caso de los tripulantes del objeto volador

Gramática: Comparar con adjetivos

▶ **Completa las siguientes oraciones con los adjetivos que están en paréntesis. Asegúrate de cambiarlos al género y número correctos, si es necesario.**

1. Es posible que los extraterrestres sean _____ como nosotros. **(inteligente)** _____

2. Su tecnología espacial es _____ que la nuestra. **(avanzada)**

3. Juan dijo que esa historia era _____ de todas. **(increíble)**

4. Dos naves espaciales eran diminutas. Esas naves eran _____ que las demás. **(pequeña)**

5. El viaje que hicieron de Marte a la Tierra fue el viaje _____ de todos los viajes que habían hecho hasta entonces. **(largo)** _____

▶ **Lee las siguientes oraciones. Luego usa los adjetivos que están entre paréntesis para formar comparaciones.**

6. La Tierra es pequeña. Saturno es grande. **(pequeña)**

7. Esa nave espacial viaja rápido. Aquélla viaja igual de rápido. **(rápido)**

8. Leí varios libros y éste me pareció muy interesante. **(interesante)**

Cuaderno de práctica
Viajes lejanos

Nombre _____

El caso de los tripulantes del objeto volador

Ortografía: Nombres de los Estados Unidos

▶ Dobla esta hoja por la línea punteada. Escribe en las líneas en blanco las palabras de ortografía que tu maestro o maestra lea en voz alta. Desdobla la hoja y comprueba lo que has escrito. Practica la ortografía de las palabras que hayas escrito mal.

1. _____
2. _____
3. _____
4. _____
5. _____
6. _____
7. _____
8. _____
9. _____
10. _____
11. _____
12. _____
13. _____
14. _____
15. _____
16. _____
17. _____
18. _____
19. _____
20. _____

PALABRAS DE ORTOGRAFÍA

1. Florida
2. California
3. Texas
4. Louisiana
5. New York
6. Arizona
7. Illinois
8. Oklahoma
9. Virginia
10. Georgia
11. Pennsylvania
12. Washington
13. Minnesota
14. Alaska
15. Hawai
16. Connecticut
17. Oregon
18. Nevada
19. Vermont
20. Maryland

Cuaderno de práctica
Viajes lejanos

Nombre _____

La caja de cumpleaños de Hattie
Vocabulario

▶ Lee las palabras de vocabulario. Luego escribe la palabra que completa mejor cada oración.

raciones	sillín
nerviosamente	innegable
angustiado	desesperada
ponchera	

1. La idea de que la vida de los pioneros iba a ser difícil era _____.

2. Mi tío Adán contemplaba _____ cómo entraba el agua de la lluvia por debajo de la puerta.

3. El año que no hubo trigo que cosechar, se repartieron _____ de comida a todos los pobladores.

4. A veces, los colonos se sentían _____, pero no se rendían nunca.

5. El pastor contempló _____ al lobo que acechaba al rebaño de ovejas.

6. Junto a la _____ dejó el jugo que había traído de la tienda del poblado.

7. Mi papá se encaramó al _____ de la carreta, y al poco tiempo emprendimos el viaje.

▶ Completa las siguientes analogías con una palabra de vocabulario.

8. *Plegar* es a *desplegar* lo que *esperanzada* es a _____.

9. *Tranquilo* es a *tranquilamente* lo que *nervioso* es a _____.

10. *Gastar* es a *dinero* lo que *limitar* es a _____.

11. *Pollo* es a *pollito* lo que *silla* es a _____.

12. *Mentira* es a *dudoso* lo que *verdad* es a _____.

¡Inténtalo! Busca en Internet la palabra "racionamiento." Investiga un periodo de la historia en que haya ocurrido.

Cuaderno de práctica
Viajes lejanos

Nombre _____

TAREA
La caja de cumpleaños de Hattie

Relación entre las palabras
PREPARACIÓN PARA LA PRUEBA

▶ **Lee el párrafo. Encierra en un círculo la letra de la mejor respuesta a cada pregunta.**

Era temprano en la mañana y la niebla todavía caracoleaba por la superficie del lago. Había varios pescadores sentados en una barca, esperando pacientemente a que algún pez picara el anzuelo. Uno de los pescadores tuvo suerte: notó que su sedal se tensaba y que su caña se arqueaba. Era una trucha. Comenzó a tirar con fuerza para sacarla, pero la trucha no se dejaba. ¿Quién ganaría esta batalla: el pescador o el pez?

1 ¿Qué significa en este párrafo la palabra *era*?

  A cierto tipo de fruta
  B tierra de cultivo
  C del verbo *ser*
  D período histórico

💡 **Sugerencia**
Observa cómo se utiliza la palabra *era*. Trata de averiguar qué función gramatical cumple dentro de la oración para averiguar su significado.

2 ¿Qué significa en este párrafo la palabra *pez*?

  F montón de trigo
  G sustancia pastosa
  H letra árabe
  J animal que vive en el agua

💡 **Sugerencia**
Consulta en el diccionario qué significa la palabra *pez* y fíjate bien en el contexto del párrafo. ¿Sobre qué trata el texto?

3 ¿Qué significa en este párrafo la palabra *caña*?

  A palo para pescar
  B junco, planta
  C cañón pequeño
  D espada

💡 **Sugerencia**
Piensa en el contenido del párrafo y en el tema sobre el que trata. ¿Qué crees que significará *caña* en este caso?

Cuaderno de práctica
Viajes lejanos

Nombre _____

La caja de cumpleaños de Hattie

Gramática: Los verbos de acción y los verbos copulativos

▶ **Subraya el verbo de cada oración. Indica si el verbo es de acción o copulativo.**

1. Mamá y yo llegamos primero. _____
2. El abuelo está nervioso. _____
3. Hattie es la hermana del abuelo. _____
4. La hermana del abuelo vendrá a la fiesta. _____

▶ **Subraya el verbo de acción de las siguientes oraciones. En la línea en blanco, escribe el complemento directo.**

5. Todos trajeron regalos.
   _____

6. Él memorizó bien el rostro de ella.
   _____

7. El abuelo ayudó a Otto a enganchar los caballos.
   _____

¡Inténtalo! Escribe un párrafo en el que describas una fiesta de cumpleaños a la que hayas asistido. Usa verbos de acción y copulativos. Comparte tu descripción con un compañero o compañera.

Cuaderno de práctica
Viajes lejanos

Nombre _____

La caja de cumpleaños de Hattie

Ortografía: Palabras que terminan en -ón

▶ Dobla esta hoja por la línea punteada. Escribe en las líneas en blanco las palabras de ortografía que tu maestro o maestra lea en voz alta. Desdobla la hoja y comprueba lo que has escrito. Practica la ortografía de las palabras que hayas escrito mal.

1. _____
2. _____
3. _____
4. _____
5. _____
6. _____
7. _____
8. _____
9. _____
10. _____
11. _____
12. _____
13. _____
14. _____
15. _____
16. _____
17. _____
18. _____
19. _____
20. _____

PALABRAS DE ORTOGRAFÍA

1. telón
2. ladrón
3. azadón
4. agarrón
5. jabón
6. rincón
7. pantalón
8. apretón
9. millón
10. melón
11. limón
12. pelón
13. armazón
14. pichón
15. tirón
16. bastón
17. billón
18. fogón
19. botón
20. mitón

Cuaderno de práctica
Viajes lejanos

Nombre _____

William Shakespeare y El Globo
Vocabulario

▶ Lee las palabras de vocabulario. Escribe la palabra que complete mejor cada oración.

congestionado	patrona	desmantelaron	ornamentación
severo	accionista	fastuosos	

No hubo mejor **(1)** _____ del teatro, ni admiradora más entusiasta que la señora Haley. Ella fue una de las primeras

(2) _____ de la compañía que construyó el enorme Pabellón Municipal de Teatro.

Era muy **(3)** _____ a la hora de criticar las obras que no le parecían de la suficiente calidad. De hecho, cuando alguna obra no le gustaba, la señora Haley era capaz de irrumpir en el escenario y

pedir a todos que **(4)** _____ los decorados en mitad de la representación. La señora

Haley solía pasear por los **(5)** _____ pasillos del teatro

antes de las funciones luciendo sus **(6)** _____ trajes de noche. Le gustaba, además, llevar muchas joyas caras y cualquier otro tipo de

(7) _____ que la hiciera parecer más joven.

▶ Escribe la palabra de vocabulario que signifique lo contrario a estas palabras.

8. humilde _____

9. edificar _____

10. tolerante _____

¡Inténtalo! Escribe una breve crítica de una obra de teatro o de una película. Utiliza al menos tres palabras de vocabulario en tu crítica.

Cuaderno de práctica
Viajes lejanos

Nombre _____

TAREA
William Shakespeare y El Globo
Hecho y opinión
PREPARACIÓN PARA LA PRUEBA

▶ **Lee este párrafo. Encierra en un círculo la letra de la mejor respuesta a cada pregunta.**

Ben Jonson era un dramaturgo de la época de Shakespeare. Nacido en 1572, Jonson apenas fue a la escuela. Primero, siguiendo el ejemplo de su padre, se hizo albañil, y posteriormente fue soldado. Más adelante trabajó como actor ambulante, y luego comenzó a escribir teatro. *Volpone* y *El alquimista* son dos de sus mejores obras, y tratan sobre gente obsesionada con los bienes materiales. Jonson era un hombre generoso. Sobre su famoso rival, Shakespeare, Jonson decía que: "¡Él no pertenece a una época, sino a todos los tiempos!"

1 ¿Cuál de estas oraciones es un hecho?

A El diálogo en *Volpone* es ingenioso e irónico.

B *El alquimista* es una de las mejores obras de Jonson.

C Shakespeare es un escritor de todos los tiempos.

D Jonson trabajó como actor ambulante.

💡 **Sugerencia**
¿Qué oración es imposible demostrar objetivamente?

2 ¿Cuál de estas oraciones es una opinión?

F Jonson vivió en la misma época que Shakespeare.

G Jonson escribió obras de teatro ingeniosas.

H Jonson escribió *Volpone* y *El alquimista*.

J Jonson fue poco a la escuela.

💡 **Sugerencia**
Escoge una respuesta que contenga información que pueda demostrarse que es correcta o incorrecta.

3 ¿Qué pruebas justifican mejor la opinión de que Jonson era un hombre generoso?

A Jonson hablaba bien de su rival.

B Jonson escribía sobre gente obsesionada con los bienes materiales.

C Jonson siguió el ejemplo de su padre.

D Jonson fue actor y dramaturgo.

💡 **Sugerencia**
Sólo una de estas afirmaciones tiene que ver con la generosidad de Jonson.

Cuaderno de práctica
Viajes lejanos

Nombre _____

TAREA
William Shakespeare y El Globo

Clasificar/ Categorizar
PREPARACIÓN PARA LA PRUEBA

▶ Escribe en la primera línea a qué categoría pertenecen las palabras. En la segunda línea, añade otro elemento que pertenezca a la misma categoría.

1. nube, precipitación, rocío, tornado, meteorólogo

   _____ _____

2. salmón, atún, huachinango, arenque, sardina

   _____ _____

3. collie, cocker, pastor alemán, chihuahua, San Bernardo

   _____ _____

4. martillo, tenazas, aguja, alicates, sierra

   _____ _____

5. blanco, dulce, atrevido, oloroso, rápida

   _____ _____

▶ Escribe la palabra de cada grupo que NO pertenece a la misma categoría que las demás.

6. espaguetis, lasaña, papas, macarrones, _____

7. necesario, esencial, tonto, importante, _____

8. enorme, ridículo, absurdo, irrisorio, _____

9. comprobado, testado, fiable, impredecible, _____

10. choza, mansión, castillo, palacio, _____

Cuaderno de práctica
Viajes lejanos

Nombre _____

William Shakespeare y El Globo

Gramática: Los verbos reflexivos

▶ Usa la forma correcta del verbo reflexivo que está entre paréntesis para completar las siguientes oraciones.

1. William Shaespeare _____ con Anne Hathaway. **(casarse)**

2. William y su familia _____ a Londres. **(mudarse)**

3. En la época de Shakespeare, las personas _____ diferente. **(vestirse)**

4. Yo _____ por el teatro después de leer las obras de Shakespeare. **(interesarse)**

5. William _____ a la compañía de El Teatro. **(unirse)**

▶ Vuelve a escribir las siguientes oraciones, utilizando la forma correcta del verbo reflexivo que está entre paréntesis.

6. William y Jon _____ en escritores famosos. **(te convirtieron, se convirtieron)**

7. El duque _____ honrado con el poema que le dedicó Shakespeare. **(se sintió, me sintió)**

8. Los buenos actores nunca _____ por vencidos. **(nos dan, se dan)**

¡Inténtalo! Escribe una cronología sobre la vida de William Shakespeare, utilizando todos los verbos reflexivos que puedas. Comparte tu cronología con un compañero o una compañera.

Cuaderno de práctica
Viajes lejanos

Nombre _____

William Shakespeare y El Globo
Ortografía: Verbos con cambios de ortografía

▶ Dobla esta hoja por la línea punteada. Escribe en las líneas en blanco las palabras de ortografía que tu maestro o maestra lea en voz alta. Desdobla la hoja y comprueba lo que has escrito. Practica la ortografía de las palabras que hayas escrito mal.

1. _____
2. _____
3. _____
4. _____
5. _____
6. _____
7. _____
8. _____
9. _____
10. _____
11. _____
12. _____
13. _____
14. _____
15. _____
16. _____
17. _____
18. _____
19. _____
20. _____

PALABRAS DE ORTOGRAFÍA

1. pago
2. pagué
3. saco
4. saqué
5. llegar
6. llegué
7. colgar
8. colgué
9. volcar
10. volqué
11. comenzó
12. comencé
13. avanzo
14. avancé
15. trazo
16. tracé
17. empezó
18. empecé
19. empacar
20. empaqué

Cuaderno de práctica
Viajes lejanos

Nombre _____

El cuaderno de notas y dibujos de William Joyce
Vocabulario

▶ A medida que leas las oraciones, usa las pistas del contexto para encontrar el significado de las palabras de vocabulario que están en negrita. Luego escribe la palabra de vocabulario junto a su definición.

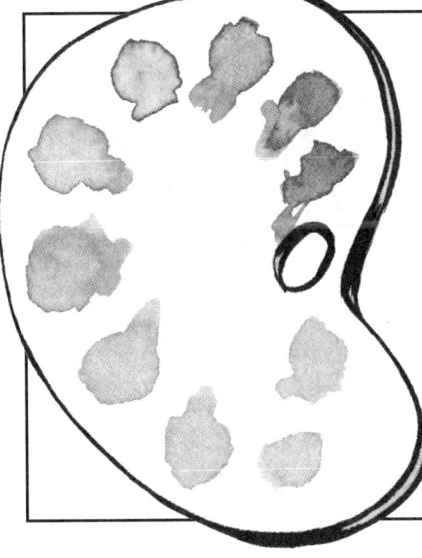

Como a Wilma le gustaba dibujar, se sentía muy feliz cuando tenía la oportunidad de **ilustrar** sus propios cuentos.

A lo largo de varias **series** de lecciones de arte, el estilo de Wilma mejoró cada vez más.

Al alabar su arte, los familiares de Wilma la **animaron** a continuar.

Wilma usó colores **pastel** para dibujar los delicados colores de sus flores silvestres favoritas.

Wilma usó **carboncillo** para dibujar el cielo oscuro y tormentoso.

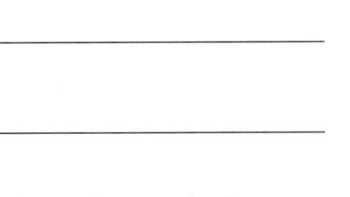

1. hacer dibujos para acompañar materiales escritos, como libros _____
2. lápiz para dibujar, hecho de madera quemada _____
3. varias cosas similares o relacionadas _____
4. colores en forma de creyón pero de la consistencia de la tiza, que se usan para dibujar _____
5. dieron confianza, alabaron u ofrecieron apoyo emocional a otra persona _____

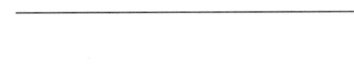

▶ Completa el artículo de periódico con las palabras de vocabulario.

El Centro Municipal de Redmond ofrece cursos de arte en

(6) _____ de ocho clases. El nombre del curso es "Curso básico

para **(7)** _____." Tim Stone, quien ha publicado cuatro libros,

enseñará el curso. Los estudiantes usarán **(8)** _____ para dibujar en

blanco y negro y colores **(9)** _____ para dibujar a color. Las alabanzas

del Sr. Stone **(10)** _____ a muchos escritores y artistas jóvenes.

Cuaderno de práctica
Viajes lejanos

Nombre _____

TAREA
El cuaderno de notas y dibujos de William Joyce

Relación entre las palabras
PREPARACIÓN PARA LA PRUEBA

▶ **Lee el párrafo. Encierra en un círculo la letra de la mejor respuesta a cada pregunta.**

Cuando entró en la clase, todas las miradas se posaron en él. Era su primera clase de arte y Antonio se sentía un poco nervioso. Encontró un lugar en el fondo de la clase y comenzó a desempacar sus materiales. Cuando el maestro entró en la clase y le dio una tarea a cada estudiante, Antonio se sintió relajado y comenzó su primer dibujo. Después de un rato, el maestro se le acercó y alabó su dibujo, diciendo que era muy imaginativo. Antonio ya quería comenzar su próximo proyecto.

1 ¿Qué palabra es un antónimo de *nervioso*?

A relajado
B preocupado
C feliz
D aburrido

> **Sugerencia**
> Mira la oración donde aparece la palabra *nervioso*. Busca un antónimo en las oraciones que siguen.

2 ¿Qué significa la palabra *fondo* en este párrafo?

F parte del cuerpo de una persona
G la parte de atrás de una habitación o un área
H apoyar o animar
J un jugador de fútbol americano que corre llevando la pelota

> **Sugerencia**
> ¿Cuál es el significado de *fondo* que tiene más sentido en esta oración?

3 ¿Qué palabra es un sinónimo de *imaginativo*?

A grande
B oscuro
C opaco
D creativo

> **Sugerencia**
> Mira la oración donde aparece la palabra *imaginativo*. Fíjate que dice que el maestro "alabó" a Antonio. ¿Qué cualidad crees que el maestro alabó?

Cuaderno de práctica
Viajes lejanos

Nombre _____

El cuaderno de notas y dibujos de William Joyce

Gramática: Los verbos principales y los verbos auxiliares

▶ **En la línea en blanco, escribe el verbo principal y el verbo auxiliar de cada oración.**

1. William Joyce ha tomado clases de dibujo.

   _____

2. William tuvo que encontrar su propio estilo.

   _____

3. Estuve practicando toda la noche para mejorar mi técnica de dibujo.

   _____

4. Debes tomar una decisión respecto a tu carrera como ilustrador.

   _____

5. William había aprendido a dibujar con gran realismo.

   _____

▶ **Completa las siguientes oraciones. Usa la forma correcta de los verbos principales y auxiliares que están entre paréntesis.**

6. _____ pintura en una escuela de arte. **(estar, estudiar)**

7. Mis maestros _____ un bello mural para adornar la escuela. **(haber, hacer)**

8. Mis padres _____ a verlo. **(haber, venir)**

9. Cuando llegaron, _____ dónde podían encontrar el mural. **(ir, decir)**

10. Me dijeron que _____ con mis maestros para preguntarles sobre su técnica de dibujo. **(deber, hablar)**

¡Inténtalo! Escribe un párrafo de ocho oraciones en el que describas algunas de tus experiencias desde que empezaste a ir a la escuela. Utiliza verbos auxiliares y los siguientes verbos principales: *estudiar, conocer, hacer, llegar, comer, jugar, hablar, reír.*

Cuaderno de práctica
Viajes lejanos

Nombre _____

El cuaderno de notas y dibujos de William Joyce

Ortografía: Palabras que comienzan con es-, ex-

▶ Dobla esta hoja por la línea punteada. Escribe en las líneas en blanco las palabras de ortografía que tu maestro o maestra lea en voz alta. Desdobla la hoja y comprueba lo que has escrito. Practica la ortografía de las palabras que hayas escrito mal.

1. _____
2. _____
3. _____
4. _____
5. _____
6. _____
7. _____
8. _____
9. _____
10. _____
11. _____
12. _____
13. _____
14. _____
15. _____
16. _____
17. _____
18. _____
19. _____
20. _____

PALABRAS DE ORTOGRAFÍA

1. esclavo
2. escarbar
3. estudiando
4. estornudo
5. escalera
6. escaparse
7. esfuerzo
8. escuela
9. espalda
10. exclamó
11. exceso
12. exclusivo
13. explosión
14. extinto
15. extrañaba
16. excusa
17. escribir
18. extremo
19. excelentes
20. espaciales

Cuaderno de práctica
Viajes lejanos

Nombre _____

Satchmo toca blues
Vocabulario

▶ Lee las palabras de vocabulario que están en negrita. Luego escribe la palabra que completa mejor cada oración.

| casa de empeño | simulaba | mandados | varios | internacional | ronca |

1. Ana tuvo que hacer muchos _____ ayer.

2. Quería comprar _____ tipos de entremeses para la fiesta.

3. Entre las tiendas de la avenida había una _____.

4. Había una tienda llamada "Librería _____" donde vendían casetes y libros en muchos idiomas y de muchos países distintos.

5. Ana compró un casete grabado por un señor que tenía una voz profunda y _____.

6. Se divertía cuando _____ la voz del señor al practicar el francés.

▶ Escribe la palabra de vocabulario que completa mejor cada analogía.

7. *Hablaba* es a *decía* lo que *aparentaba* es a _____.

8. *Solo* es a *acompañado* lo que *uno* es a _____.

9. *Doctor* es a *operaciones* lo que *mensajero* es a _____.

10. *Ciudad* es a *mundo* lo que *local* es a _____.

11. *Suave* es a *delicado* lo que *áspera* es a _____.

12. *Cultivos* es a *granja* lo que *mercancía* es a _____.

¡Inténtalo! Para cada palabra de vocabulario, escribe al menos tres palabras que asocies con esa palabra. Por ejemplo, para *internacional* podrías escribir *países*, *aeropuerto* y *extranjero*.

Cuaderno de práctica
Viajes lejanos

Nombre _____

TAREA
Satchmo toca blues
Hecho y opinión
PREPARACIÓN PARA LA PRUEBA

▶ **Lee el párrafo. Luego encierra en un círculo la letra de la mejor respuesta a cada pregunta.**

Los instrumentos de metal tienen boquillas y tubos largos en forma de embudo. Los músicos usan la boquilla para soplar el aire por los tubos y así producir sonidos. Las personas ponen una cara muy cómica al tocar estos instrumentos. Las cornetas y los saxofones son excelentes instrumentos para tocar música de jazz. Las tubas suenan muy bien en las bandas que desfilan. Mi instrumento de metal favorito es la trompeta, aunque mi hermano pensaba que era muy difícil de tocar.

1 ¿Qué oración es un hecho sobre los instrumentos de metal?

A El mejor es la trompeta.

B Las tubas suenan muy bien en las bandas que desfilan.

C La trompeta es muy difícil de tocar.

D Los instrumentos de metal tienen tubos largos en forma de embudo.

💡 **Sugerencia**
Busca la respuesta con información que se pueda probar.

2 ¿Qué oración expresa la opinión del autor sobre los instrumentos de metal?

F La tuba tiene una boquilla.

G Las personas ponen una cara muy cómica al tocar estos instrumentos.

H Los músicos soplan aire por la boquilla.

J Los músicos pueden tocar diferentes notas.

💡 **Sugerencia**
Busca la oración que dé información sobre lo que piensa el autor.

3 Para comprobar los datos que da el autor sobre cómo se tocan los instrumentos de metal, podrías

A estudiar el diagrama de una orquesta.

B leer un artículo sobre la música clásica.

C preguntarle a un trompetista.

D todas las anteriores

💡 **Sugerencia**
Escoge la fuente que más probabilidades tenga de darte la información correcta.

Cuaderno de práctica
Viajes lejanos

Nombre _____

Satchmo toca blues

Gramática: Los verbos en el tiempo presente

▶ **En la línea en blanco, escribe la forma verbal que completa correctamente cada oración.**

1. La ciudad de Nueva Orleáns _____ a orillas del Río Mississippi. **(estaba, está)**

2. Louis _____ tocar tan bien como Bunk Johnson. **(queremos, quiere)**

3. Johnson _____ muy bien la trompeta. **(tocan, toca)**

▶ **Escribe cada oración de nuevo con la forma verbal correcta del verbo que está entre paréntesis.**

4. Cada mañana, yo **(ver)** una trompeta en la vitrina de la casa de empeño que queda a la vuelta de mi casa. _____

5. Él le **(dar)** dinero a su mamá cuando ésta se lo pide. _____

6. Nosotros **(practicar)** mucho porque queremos ser buenos trompetistas. _____

▶ **Identifica la forma verbal incorrecta en las siguientes oraciones y escribe la forma correcta del verbo en la línea.**

7. Margarita tocamos el violín por las tardes. _____

8. Yo cena con mi familia todas las noches. _____

¡Inténtalo! Escribe un párrafo en el que describas uno de tus pasatiempos. Utiliza verbos en el tiempo presente. Comparte tu párrafo con tus compañeros de clase.

Cuaderno de práctica
Viajes lejanos

Nombre _____

Satchmo toca blues

Ortografía: Homófonos

▶ Dobla esta hoja por la línea punteada. Escribe en las líneas en blanco las palabras de ortografía que tu maestro o maestra lea en voz alta. Desdobla la hoja y comprueba lo que has escrito. Practica la ortografía de las palabras que hayas escrito mal.

1. _____
2. _____
3. _____
4. _____
5. _____
6. _____
7. _____
8. _____
9. _____
10. _____
11. _____
12. _____
13. _____
14. _____
15. _____
16. _____
17. _____
18. _____
19. _____
20. _____

PALABRAS DE ORTOGRAFÍA

1. casa
2. caza
3. baca
4. vaca
5. zumo
6. sumo
7. hay
8. ay
9. pozo
10. poso
11. masa
12. maza
13. hecho
14. echo
15. cocer
16. coser
17. amo
18. hamo
19. amada
20. hamada

Cuaderno de práctica
Viajes lejanos

Nombre _____

Evelyn Cisneros: Prima bailarina
Vocabulario

▶ Lee las palabras de vocabulario. Luego lee los grupos de palabras que siguen. Escribe la palabra de vocabulario que se relaciona más con cada una de las palabras del grupo.

| escenario | tímida | flexibilidad | dedicarse | beca | éxito | aprendiz |

callada	asustada	temerosa	1. _____
papel	actores	obra de teatro	2. _____
ganó	triunfó	mejoró	3. _____
principiante	destreza	entrenada	4. _____
blando	ceder	adaptable	5. _____
devota	tiempo	meta	6. _____
educación	dinero	matrícula	7. _____

▶ Escribe la palabra de vocabulario que completa mejor cada oración.

8. El director de la compañía de ballet comenzó su carrera siendo un

   _____.

9. Tuvo que _____ a perfeccionar sus destrezas la mayor parte del tiempo.

10. Su gracia y _____ hicieron que fuera fácil para ella representar los bailes más difíciles.

11. Era _____ cuando empezó su entrenamiento, pero poco a poco aumentó su confianza.

12. Ella tuvo _____ porque mucha gente la animaba.

Cuaderno de práctica
Viajes lejanos

Nombre _____

TAREA
Evelyn Cisneros: Prima bailarina
Idea principal y detalles
PREPARACIÓN PARA LA PRUEBA

▶ **Lee el párrafo. Encierra en un círculo la letra de la mejor respuesta a cada pregunta.**

Una clase de ballet es una sesión de entrenamiento que consta de tres partes. La primera es una serie de ejercicios de preparación, que se hacen junto a una baranda que está aproximadamente a la altura de la cintura, llamada *barra*. La segunda parte de la sesión consiste en trabajo lento. El bailarín practica estar en una posición y mantener el equilibrio. La parte final de la clase consiste de trabajo rápido. El bailarín hace los grandes saltos y piruetas en el piso que hacen del ballet un espectáculo deslumbrante.

1 ¿Cuál es la idea principal del párrafo?
   A Una clase de ballet tiene ejercicios de preparación.
   B Una clase de ballet incluye trabajo lento.
   C Una clase de ballet es una sesión de entrenamiento de tres partes.
   D Una clase de ballet incluye trabajo rápido.

> **Sugerencia**
> Busca la oración que resume el párrafo.

2 ¿Cuál NO es un detalle del párrafo?
   F La baranda a la altura de la cintura se llama *barra*.
   G Una clase de ballet dura dos horas.
   H Un bailarín hace trabajo lento en la segunda parte de la clase.
   J Los grandes saltos y piruetas se practican en la tercera parte de la clase.

> **Sugerencia**
> Vuelve a leer el párrafo para ver qué detalle no incluye.

3 ¿Qué detalle adicional podría incluirse en este párrafo?
   A Los bailarines llevan trajes deslumbrantes cuando bailan.
   B El ballet clásico se llama a veces ballet romántico.
   C La mayoría de las representaciones de ballet tienen tres partes.
   D La parte final de la clase de ballet se llama *allegro*, que significa "trabajo rápido."

> **Sugerencia**
> Recuerda que la idea principal del párrafo tiene que ver con la clase de ballet.

Cuaderno de práctica
Viajes lejanos

Nombre _____

Evelyn Cisneros: Prima bailarina

Gramática: Los verbos en el tiempo pasado: pretérito

▶ **Completa estas oraciones con el tiempo pasado pretérito del verbo que está entre paréntesis.**

1. Cuando acabó la presentación, el público _____ apasionadamente. **(aplaudir)**

2. Evelyn _____ mucho para convertirse en una gran bailarina. **(practicar)**

3. Mis padres _____ al teatro ayer por la noche. **(ir)**

4. Me _____ el ballet que vi por televisión la semana pasada. **(gustar)**

▶ **En la línea en blanco, escribe la forma correcta del verbo que está entre paréntesis.**

5. Evelyn _____ ballet, zapateado, jazz y otros estilos de baile cuando era niña. **(aprende, aprendió)**

6. Nosotros _____ a ver una obra clásica de ballet la semana pasada. **(fuimos, fue)**

7. El año pasado, Evelyn _____ en varias obras de ballet. **(actuará, actuó)**

8. Ayer _____ un libro sobre los distintos estilos de baile. **(compra, compré)**

▶ **Escribe las siguientes oraciones en pasado pretérito.**

9. Muchos mexicanos emigran a los Estados Unidos.

   _____

   _____

10. Los padres de Evelyn la animan a seguir con las clases.

    _____

    _____

Cuaderno de práctica
Viajes lejanos

Nombre _____

Evelyn Cisneros: Prima bailarina

Ortografía: Palabras para el dinero

▶ Dobla esta hoja por la línea punteada. Escribe en las líneas en blanco las palabras de ortografía que tu maestro o maestra lea en voz alta. Desdobla la hoja y comprueba lo que has escrito. Practica la ortografía de las palabras que hayas escrito mal.

1. _____
2. _____
3. _____
4. _____
5. _____
6. _____
7. _____
8. _____
9. _____
10. _____
11. _____
12. _____
13. _____
14. _____
15. _____
16. _____
17. _____
18. _____
19. _____
20. _____

PALABRAS DE ORTOGRAFÍA

1. centavo
2. caja
3. dólar
4. billete
5. crédito
6. efectivo
7. ahorrar
8. banco
9. moneda
10. cheques
11. pagar
12. cambio
13. salario
14. ganga
15. oferta
16. gastos
17. economía
18. bancarrota
19. finanzas
20. peso

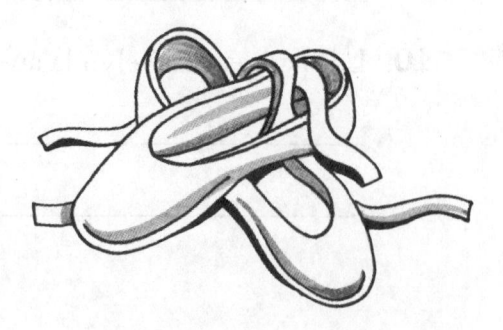

Cuaderno de práctica
Viajes lejanos

Nombre _____

Listos… ¡Fuera!
Vocabulario

▶ Lee las palabras de vocabulario. Luego completa las siguientes oraciones con la palabra de vocabulario que corresponda.

| campaña | residencia | odioso | apoyar | graffiti |

1. La señora Mendoza llevaba viviendo en aquella _____ treinta y cuatro años.
2. Alguien había pintado _____ en la pared blanca de su edificio.
3. A la señora Mendoza, el hecho le pareció _____ y lo denunció.
4. Una de las promesas que el alcalde había hecho durante su _____ fue la de mantener limpia la ciudad.
5. El alcalde decidió _____ un plan de limpieza a cargo de voluntarios del barrio.

▶ Escribe en la línea en blanco las palabras de vocabulario que correspondan a cada grupo de palabras.

6. asqueroso   irritante   maleducado   _____
7. elecciones   táctica   política   _____
8. promocionar aprobar   animar   _____
9. casa   vivienda   hogar   _____
10. pintura   palabras   paredes   _____

▶ Completa las siguientes analogías con las palabras de vocabulario.

11. carro : garaje : : persona : _____
12. trabajador : trabajo : : candidato : _____
13. no : rechazar : : sí : _____
14. educado : grosero : : simpático : _____
15. basura : acera : : _____ : edificio

Cuaderno de práctica
Viajes lejanos

Nombre _____

TAREA
Listos... ¡Fuera!
Estructura del texto: Comparar y contrastar
PREPARACIÓN PARA LA PRUEBA

▶ **Lee el párrafo. Luego encierra en un círculo la letra de la mejor respuesta a cada pregunta.**

Los candidatos a la alcaldía Sue Clark y Alberto Muñoz tratan ambos de captar votos de los ciudadanos. Ambos han emitido anuncios en televisión y han hablado en público. La señora Clark quiere mejorar las escuelas de la ciudad. El señor Muñoz también dice que pretende mejorar el sistema educativo. Pese a que los candidatos coinciden en este asunto, ahí terminan sus similitudes. Clark quiere reducir el número de estudiantes por clase, pero Muñoz piensa que lo mejor sería someter a los estudiantes a un mayor número de pruebas. Los votantes serán decidirán el martes.

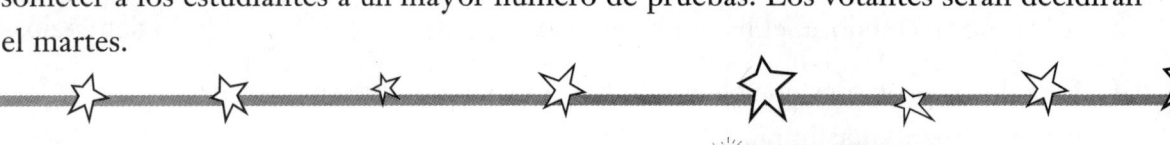

1 ¿En qué asunto coinciden los candidatos?

A en la reforma electoral
B en las mejoras escolares
C en habilitar más lugares para estacionar carros
D en construir un garaje gratuito

Sugerencia
Para encontrar en qué están de acuerdo los candidatos, busca palabras como *ambos, también, coinciden* o *similitudes*.

2 ¿Qué asunto NO forma parte de los planes de la señora Clark?

F mejorar las escuelas
G reducir el número de estudiantes por clase
H anunciarse en televisión
J hacer que los estudiantes se sometan a más pruebas

Sugerencia
Presta atención a la palabra "NO" en la pregunta.

3 ¿En qué otro aspecto se parecen los candidatos?

A Ambos tratan de transmitir su mensaje a los votantes.
B Ambos han comenzado ya a trabajar por la reforma escolar.
C Ambos tienen un plan para la reforma electoral.
D Ambos pertenecen al mismo partido político.

Sugerencia
Lee detenidamente todas las respuestas. Observa que algunas no pueden justificarse con pruebas del párrafo.

Cuaderno de práctica
Viajes lejanos

Nombre _____

TAREA
Listos... ¡Fuera!
Caracterización

▶ Lee el cuento y rellena la tabla. Escoge los rasgos de la personalidad de las dos niñas y ponlos en la columna de la izquierda. Luego escribe en la columna de la derecha los detalles del texto que justifiquen tu opinión.

observadora	impaciente	inquieta	imaginativa
amante de la naturaleza		sin pelos en la lengua	

Daniela y Nuria estaban pescando en una barquita en el Lago de los patos. Sus cañas de pescar colgaban por ambos lados de la barquita. Daniela contemplaba las libélulas y pensaba lo elegantes que eran. Nuria interrumpió sus pensamientos.

—Regresemos ya, ¿no? ¡Esto es un aburrimiento! Además, estos peces son más listos que el hambre... ¡ni se acercan a nuestros anzuelos!

—Nuria, tranquilízate —dijo Daniela—. ¡Fíjate en las nubes!

Daniela señaló a una nube con forma de gigante y a otra que parecía un avión.

Pero a Nuria no le pareció tan impresionante. Comenzó a dar golpecitos con el pie y a jugar con el cabello entre los dedos.

—¿Por qué no regresamos de una vez y nadamos un rato o montamos en bicicleta? —dijo— ¡Es que yo odio estar aquí sentada sin hacer nada!

De repente se tensó el sedal de la caña de Nuria. Estiró y sacó un pececito. Moribundo, el pececito aleteaba desesperadamente enganchado al anzuelo. Nuria gritó:

—¿Y ahora qué hago?

Daniela agarró la caña de pescar de Nuria. Desenganchó al pececito y lo volvió a dejar suavemente en el agua.

	Rasgos de los personajes	Evidencia del cuento
Daniela	1.	
	2.	
	3.	
Nuria	1.	
	2.	
	3.	

Cuaderno de práctica
Viajes lejanos

Nombre _____

Listos… ¡Fuera!
Gramática:
Los verbos en el tiempo pasado: pretérito imperfecto

▶ Subraya el verbo de cada oración. Luego di si las oraciones están en presente, en pretérito o en pretérito imperfecto.

1. Miata es candidata para presidenta del quinto grado.
   _____

2. Sólo faltaban unos días para las elecciones.
   _____

3. Miata contestó el teléfono de inmediato.
   _____

4. El papá de Miata conocía a la alcaldesa.
   _____

5. Ella se sentía nerviosa de camino a la entrevista.
   _____

▶ Completa cada oración con el tiempo pretérito imperfecto del verbo que está entre paréntesis.

6. Ana _____ por teléfono mientras sus padres veían la televisión. **(hablar)**

7. Juan y Paco _____ el camino de regreso a casa, así que no tuvimos problemas para volver. **(conocer)**

8. Cuando mis padres y yo _____ en México, nos gustaba desayunar tamales. **(vivir)**

¡Inténtalo! Con un compañero o compañera, busca un artículo en una revista. Subrayen todos los verbos que estén en pretérito imperfecto. Usen esos verbos para escribir un párrafo de ocho oraciones en pretérito imperfecto.

Cuaderno de práctica
Viajes lejanos

Nombre _____

Listos... ¡Fuera!
Ortografía: Palabras agudas

▶ **Dobla esta hoja por la línea punteada. Escribe en las líneas en blanco las palabras de ortografía que tu maestro o maestra lea en voz alta. Desdobla la hoja y comprueba lo que has escrito. Practica la ortografía de las palabras que hayas escrito mal.**

1. _____
2. _____
3. _____
4. _____
5. _____
6. _____
7. _____
8. _____
9. _____
10. _____
11. _____
12. _____
13. _____
14. _____
15. _____
16. _____
17. _____
18. _____
19. _____
20. _____

PALABRAS DE ORTOGRAFÍA

1. cultivó
2. miró
3. lavó
4. además
5. algodón
6. respondió
7. dedicó
8. canción
9. salió
10. pegó
11. vivirás
12. galán
13. según
14. nació
15. mesón
16. torreón
17. menú
18. serán
19. agitó
20. soltó

Cuaderno de práctica
Viajes lejanos

Nombre _____

Poco a poco
Vocabulario

▶ Escribe la palabra de vocabulario que completa mejor cada analogía.

---
polio   tenues   paralizada
descifrarla   detesté   desaliento
---

1. *Fuerte* es a *suave* lo que *intenso* es a _____.

2. *Medicina* es a *penicilina* lo que *enfermedad* es a _____.

3. *Feliz* es a triste lo que móvil es a _____.

4. *Quise* es a *amé* lo que *odié* es a _____.

5. *Sonrisa* es a *alegría* lo que *suspiro* es a _____.

6. *Estudiarla* es a *comprenderla* lo que *analizarla* es a _____.

▶ Escribe la palabra de vocabulario correcta para completar cada oración.

7. El virus de la _____ dejó a Eduardo sin movimiento en las piernas.

8. Llegó a _____ la idea de darse por vencido ante su enfermedad.

9. Los médicos le dijeron que sus esperanzas de mejorar eran _____.

10. Aunque sentía un gran _____, estaba decidido a progresar.

11. Estaba _____ físicamente, pero su cerebro funcionaba mejor que el de muchos de sus compañeros.

12. Aprendió a _____ los códigos más difíciles.

¡Inténtalo! Escribe un párrafo sobre un espía que usa un código secreto para comunicarse. Usa por lo menos tres palabras de vocabulario en el párrafo.

Cuaderno de práctica
Viajes lejanos

Nombre _____

TAREA
Poco a poco
El propósito y la perspectiva del autor
PREPARACIÓN PARA LA PRUEBA

▶ **Lee el párrafo. Luego encierra en un círculo la letra de la mejor respuesta a cada pregunta.**

La integración de los estudiantes discapacitados significa que todos los estudiantes, incluso los que tienen discapacidades, toman clase en el mismo salón de clases. Es muy natural tener en clase a estudiantes como Pedro, que está en una silla de ruedas, y como Elena, que es ciega. Pedro y Elena hacen lo mismo que todos nosotros, pero lo hacen de una manera un poco distinta. La verdad es que cada uno de nosotros sabe hacer algunas cosas mejor que otras. La integración de los estudiantes discapacitados es una ventaja para todos los estudiantes.

1 ¿Qué oración expresa el punto de vista del autor sobre la integración de los estudiantes discapacitados?

  A No debe darse en los salones de clase.
  B Es una mala idea.
  C Es una ventaja para todos los estudiantes.
  D Es una ventaja para algunos estudiantes.

💡 **Sugerencia**
Vuelve a leer el párrafo y busca al menos una oración que exprese la opinión del autor sobre la integración de los estudiantes discapacitados.

2 ¿Qué pruebas apoyan la opinión del autor?

  F Dos estudiantes con discapacidades se ajustan bien al salón de clases.
  G Los padres del autor apoyan la integración de los estudiantes discapacitados.
  H El autor conoce a dos estudiantes con discapacidades que son muy inteligentes.
  J Dos estudiantes con discapacidades se han hecho los mejores amigos del autor.

💡 **Sugerencia**
¿Qué impacto ha tenido el tener estudiantes con discapacidades en el salón de clases del autor?

3 ¿Cuál de éstas NO es probable que sea una razón que apoya el propósito del autor para escribir el párrafo?

  A expresar sus ideas personales
  B dar una opinión
  C divertir
  D dar información sobre la integración de los estudiantes con discapacidades

💡 **Sugerencia**
En base con el tema y con la forma en que el autor escribió sobre él, ¿qué razón no fue muy importante?

Cuaderno de práctica
Viajes lejanos

Nombre _____

Poco a poco

Gramática: Los verbos en el tiempo futuro

▶ **Encierra en un círculo los verbos en futuro de las siguientes oraciones.**

1. Mañana tendremos una prueba de aritmética.

2. Voy a ir a un campamento y me divertiré mucho.

3. Juan volverá del viaje el martes que viene.

4. Mi mamá irá a buscarnos a la estación de autobús.

▶ **Vuelve a escribir cada oración. Escoge el verbo que está entre paréntesis que corresponde con el sujeto de cada oración.**

5. La señorita Marr **(escribiremos, escribirá)** con letra grande para que Jean pueda leerla.

   _____

6. Mañana, nosotros **(saldré, saldremos)** más temprano de la escuela.

   _____

7. Jean **(estudiará, estudiarás)** las tablas de multiplicación de ahora en adelante.

   _____

8. La maestra nos **(dará, daré)** los resultados de la prueba la semana que viene.

   _____

¡Inténtalo! Piensa qué estarás haciendo por estas fechas el año que viene. Escribe un párrafo en futuro en el que describas lo que estarás haciendo.

Cuaderno de práctica
Viajes lejanos

Nombre _____

Poco a poco
Ortografía: Palabras que terminan en -dad, -tad

▶ Dobla esta hoja por la línea punteada. Escribe en las líneas en blanco las palabras de ortografía que tu maestro o maestra lea en voz alta. Desdobla la hoja y comprueba lo que has escrito. Practica la ortografía de las palabras que hayas escrito mal.

1. _____
2. _____
3. _____
4. _____
5. _____
6. _____
7. _____
8. _____
9. _____
10. _____
11. _____
12. _____
13. _____
14. _____
15. _____
16. _____
17. _____
18. _____
19. _____
20. _____

PALABRAS DE ORTOGRAFÍA

1. barbaridad
2. propiedad
3. antigüedad
4. verdad
5. voluntad
6. felicidad
7. novedad
8. bondad
9. realidad
10. generosidad
11. majestad
12. eternidad
13. facilidad
14. honestidad
15. formalidad
16. caridad
17. edad
18. falsedad
19. hermandad
20. solidaridad

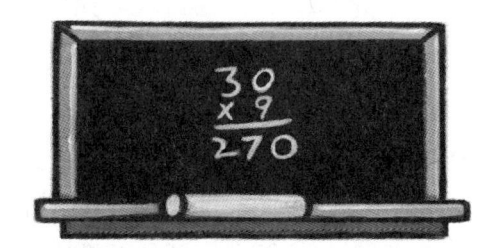

Cuaderno de práctica
Viajes lejanos

Nombre _____

El pequeño libro que aún no tenía nombre
Vocabulario

▶ Lee las palabras de vocabulario. Luego escribe la palabra que completa mejor cada oración.

tomo	remedios	caligrafía	aplicado
erratas	cubiertas	distinción	

1. Por ser una trabajadora dedicada, Elena recibió la _____ de ser nombrada "empleada del mes".
2. En el diploma, habían escrito el nombre de Elena con una bonita _____.
3. Debes buscar _____ a tus problemas antes de pedir ayuda.
4. Busca los nombres de los autores en las _____ de los libros.
5. Eduardo es un estudiante _____ y siempre hace la tarea antes de salir a jugar.
6. Un editor tiene que repasar un libro con mucho cuidado para que el libro salga sin _____.
7. La enciclopedia no es un solo libro, sino que consiste de varios _____.

▶ Escribe la palabra de vocabulario que completa cada red de palabras.

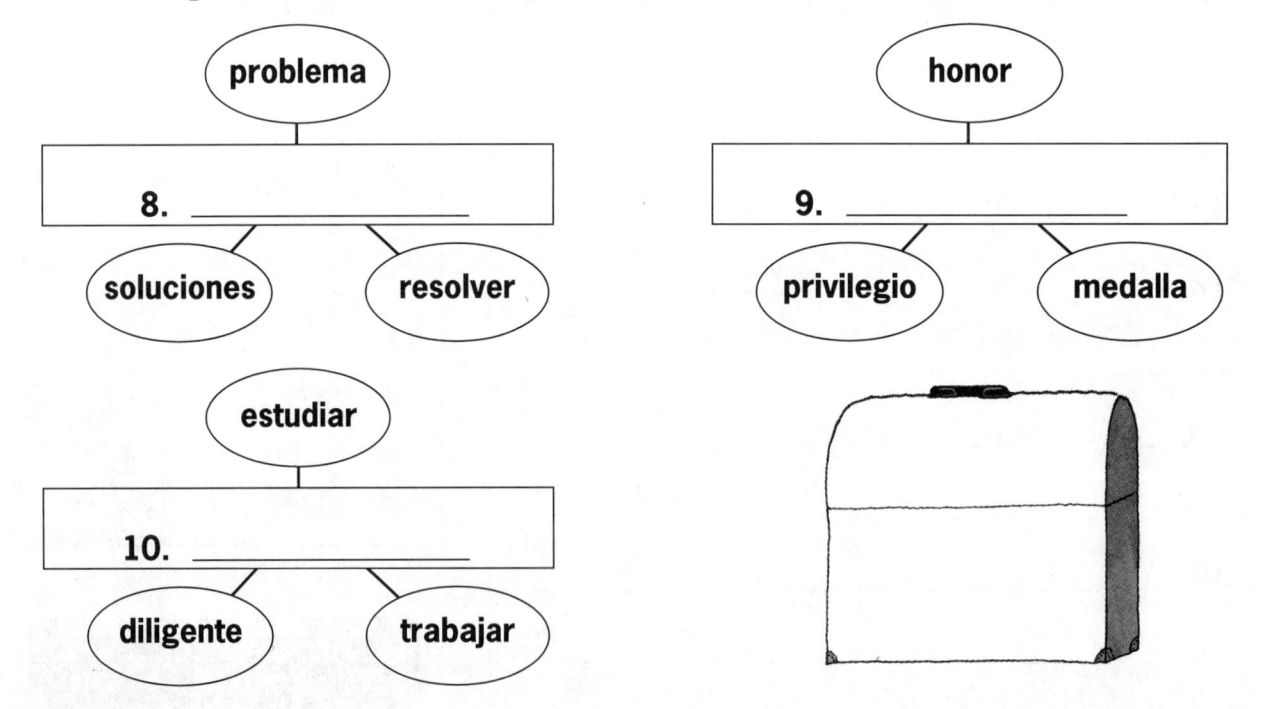

problema → 8. _____ → soluciones, resolver

honor → 9. _____ → privilegio, medalla

estudiar → 10. _____ → diligente, trabajar

¡Inténtalo! Mira la sección del periódico que tiene reseñas de libros. Busca palabras de vocabulario y recorta los artículos donde aparezcan. Comparte los artículos con tus compañeros y compañeras de clase.

Cuaderno de práctica
Viajes lejanos

Nombre _____

TAREA
El pequeño libro que aún no tenía nombre
Estructura del texto: Comparar y contrastar
PREPARACIÓN PARA LA PRUEBA

▶ **Lee el párrafo. Encierra en un círculo la letra de la mejor respuesta a cada pregunta.**

Un libro muy pequeño, que se llamaba Cuentecito, no sabía qué tipo de libro iba a ser. Su madre era una *Revista científica* muy importante, y Cuentecito pensaba que tal vez le gustaría ser una *Revista científica* también. Las *Revistas científicas* son muy sabias y siempre van a conferencias y conocen a gente importante. Pero no tienen mucho tiempo para divertirse y pasar tiempo con los amigos. Cuentecito pensaba que también podría ser un libro de poesía. Los libros de poesía se divierten mucho y tienen un ritmo muy bonito. Pero a veces quieren decir algo sencillo y las palabras automáticamente les salen en verso o en rima y la gente no los entiende. ¡Menos mal que Cuentecito no tenía que decidir ahora mismo qué tipo de libro quería ser!

1 El escritor compara los dos tipos de libros enfocándose en

   A las ventajas de ser una *Revista científica*.

   B las desventajas de ser una *Revista científica*.

   C las desventajas de ser un libro de poesía.

   D las ventajas y desventajas de cada uno.

💡 **Sugerencia**
Repasa las cosas que el autor dice de cada tipo de libro y escoge la respuesta que refleje mejor lo que leíste.

2 Después de hacer la comparación, el escritor concluye que

   F lo mejor sería hacerse una *Revista científica*.

   G Cuentecito debe pensar en otra opción.

   H por suerte, Cuentecito no tiene que decidir ahora mismo.

   J lo mejor sería hacerse un libro de poesía.

💡 **Sugerencia**
Recuerda que la conclusión suele aparecer al final del párrafo.

3 Es posible que a un libro pequeño que decide hacerse un libro de poesía en vez de una *Revista científica*,

   A le guste la ciencia.

   B le gusten las rimas populares.

   C le gusten los temas serios.

   D le guste hacer investigaciones.

💡 **Sugerencia**
Piensa qué opción describe algo que le gustaría a un libro pequeño.

Cuaderno de práctica
Viajes lejanos

Nombre _____

El pequeño libro que aún no tenía nombre

Gramática: Los verbos irregulares

▶ **Completa las siguientes oraciones con el verbo que está entre paréntesis, en el tiempo que se indica.**

1. Cuando le preguntaron qué quería ser de grande, Cuentecito no _____ qué responder. **(saber: pasado pretérito)**

2. Cuentecito _____ mucha atención en sus clases. **(poner: futuro)**

3. La mamá de Cuentecito _____ a muchos congresos científicos. **(ir: pretérito imperfecto)**

4. Los abuelos siempre _____ a sus nietos. **(consentir: presente)**

5. Mi maestro nos _____ muchos libros para leer. **(traer: pasado pretérito)**

▶ **Vuelve a escribir cada oración usando el tiempo del verbo que está entre paréntesis que tenga más sentido.**

6. Mañana, Lupe **(ir)** a la biblioteca. _____

7. La semana pasada, nosotros no **(poder)** ir porque estaba cerrada. _____

8. Mientras mi hermano cocinaba, yo **(hacer)** mi tarea. _____

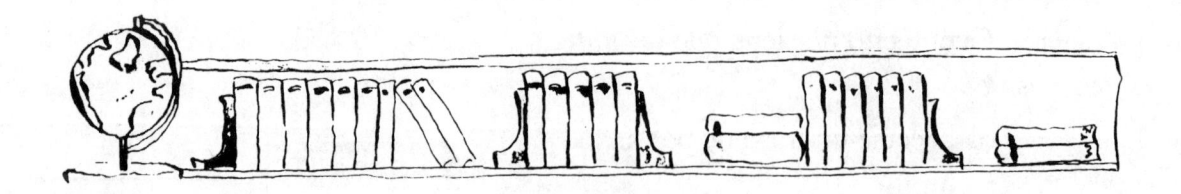

¡Inténtalo! Vuelve a leer algo que hayas escrito anteriormente. Revisa tu escrito para asegurarte de que todos los verbos irregulares estén bien. Haz una lista de todos los verbos irregulares que encuentres.

Cuaderno de práctica
Viajes lejanos

Nombre _____

El pequeño libro que aún no tenía nombre

Ortografía: Combinaciones de consonantes con la *n*

▶ Dobla esta hoja por la línea punteada. Escribe en las líneas en blanco las palabras de ortografía que tu maestro o maestra lea en voz alta. Desdobla la hoja y comprueba lo que has escrito. Practica la ortografía de las palabras que hayas escrito mal.

1. _____
2. _____
3. _____
4. _____
5. _____
6. _____
7. _____
8. _____
9. _____
10. _____
11. _____
12. _____
13. _____
14. _____
15. _____
16. _____
17. _____
18. _____
19. _____
20. _____

PALABRAS DE ORTOGRAFÍA

1. transparentes
2. cangrejo
3. centro
4. adentro
5. controlado
6. concreto
7. sangre
8. panfleto
9. introducir
10. inspiración
11. inflar
12. enfrente
13. inclinado
14. entrada
15. congreso
16. encontrar
17. conspirar
18. contrario
19. confraternidad
20. confluir

Cuaderno de práctica
Viajes lejanos

Nombre _____

Frindel
Vocabulario

▶ Al leer el párrafo, usa pistas del contexto para determinar lo que significa cada palabra de vocabulario que está en negrita. Luego escribe la palabra de vocabulario junto a su definición.

Anoche tuve un sueño. En mi sueño heredaba 10 millones de dólares y me iba de compras con el bolsillo repleto de billetes. ¡Podía comprar todo lo que se me antojara! Primero, fui al centro comercial en mi limosina particular. Busqué por cada **pasillo** de todas las tiendas hasta que encontré el estéreo ideal. Había muchas otras cosas interesantes, pero no lograron **desviar** mi atención del estéreo.

Después me subí a mi avioneta particular rumbo a París. No podía contener el **júbilo**, y todo el mundo quería estar conmigo y atenderme. Ya me estaba creando **reputación** de millonario. Comencé a gastar dinero, ¡y no podía parar! Estaba tan **absorto** con mis compras, que no me di cuenta de que había gastado hasta el último billete y ya no me quedaba ni un centavo.

Cuando me desperté, hice un **juramento** de estar contento siempre con lo que tenga.

1. corredor o hilera de estante _____
2. fama, buen nombre _____
3. felicidad, dicha, alegría _____
4. hacer que algo cambie de camino _____
5. promesa solemne _____
6. tan interesado en algo que no presta atención a nada más _____

▶ Escribe la palabra correcta para completar estas analogías.

7. *Subir* es a *bajar* lo que *tristeza* es a _____.
8. *Calle* es a *acera* lo que *auditorio* es a _____.
9. *Divertido* es a *chiste* lo que *serio* es a _____.
10. *Ensanchar* es a *estrechar* lo que *encarrilar* es a _____.
11. *Húmedo* es a *empapado* lo que *interesado* es a _____.

¡Inténtalo! Imagínate que has heredado 10 millones de dólares. Escribe un párrafo en el que digas lo que harías con el dinero, utilizando al menos tres palabras de vocabulario.

Cuaderno de práctica
Viajes lejanos

Nombre _____

TAREA
Frindel
El propósito y la perspectiva del autor
PREPARACIÓN PARA LA PRUEBA

▶ **Lee el párrafo. Encierra en un círculo la letra de la mejor respuesta a cada pregunta.**

En los muchos años que llevo como guardabosques, he visto cómo muchos bosques han ido menguando más y más. Todos los años se consumen más y más recursos naturales. El hombre tala los bosques, consume los combustibles provenientes de los fósiles, y además contamina tanto la tierra como el aire. Si seguimos destruyendo la Tierra, no dejaremos nada para las futuras generaciones. Tenemos que comportarnos de manera responsable a cuidar más al planeta, no sólo por nuestro propio bien, sino también por el bien de los animales con quienes convivimos.

1 En este pasaje, ¿cuál es el propósito del autor?

   A animar a los turistas a visitar los bosques protegidos por el gobierno

   B persuadir a la gente para que cuide más el planeta

   C amenazar a los campistas que hacen hogueras sin tomar medidas de precaución

   D entretener con relatos sobre la naturaleza

💡 **Sugerencia**
Piensa en los tipos de detalles que presenta el autor. ¿Qué te sugieren sobre su propósito?

2 ¿Qué perspectiva aporta el autor a este tema?

   F El autor es un guardabosques que ha sido testigo de la destrucción de los recursos naturales.

   G El autor es un guardabosques que quiere que los leñadores sigan teniendo trabajo.

   H Al autor le encanta acampar en el bosque.

   J El autor ha escrito varias guías de supervivencia en la naturaleza.

💡 **Sugerencia**
Piensa en la profesión del autor, así como en su experiencia y sus sentimientos respecto a la naturaleza.

3 ¿Con cuál de las siguientes oraciones NO estaría de acuerdo el autor?

   A El hombre debe conservar la belleza del planeta para las futuras generaciones.

   B El hombre debe mantener el planeta en buenas condiciones para los animales.

   C El hombre no debe hacer uso de los territorios públicos.

   D El hombre debe hacer uso de los territorios públicos, pero respetando la naturaleza.

💡 **Sugerencia**
Para responder a esta pregunta, ten en cuenta qué cosas no has descubierto sobre el autor leyendo este párrafo.

Cuaderno de práctica
Viajes lejanos

Nombre _____

Frindel
Gramática:
Los adverbios

▶ Encierra en un círculo el adverbio de cada una de las siguientes oraciones. Luego escribe en la línea la palabra o palabras que modifica. Escribe también si el adverbio es de lugar, tiempo, modo, cantidad, afirmación, negación o duda.

1. Nick presentó un informe oralmente.
   _____

2. Nick se hundió más en su asiento.
   _____

3. Él estaba completamente absorto en sus pensamientos.
   _____

4. Ahí concibió su gran idea.
   _____

5. Ayer, fuimos a la tienda a comprar un bolígrafo.
   _____

▶ Completa las siguientes oraciones con el adverbio o el adjetivo que está entre paréntesis, según corresponda.

6. Hoy me levanté _____ temprano. **(mucho, muy)**

7. Nos gusta caminar _____ por el parque.
   (tranquilamente, tranquila)

8. Luis tuvo mucho _____ en su presentación.
   (éxito, exitosamente)

9. Cuando la maestra hablaba, todos escuchábamos _____.
   (atenta, atentamente)

10. Ese es un libro muy _____. **(interesante, interesantemente)**

Cuaderno de práctica
Viajes lejanos

Nombre _____

Frindel
Ortografía: Palabras esdrújulas

▶ Dobla esta hoja por la línea punteada. Escribe en las líneas en blanco las palabras de ortografía que tu maestro o maestra lea en voz alta. Desdobla la hoja y comprueba lo que has escrito. Practica la ortografía de las palabras que hayas escrito mal.

1. _____
2. _____
3. _____
4. _____
5. _____
6. _____
7. _____
8. _____
9. _____
10. _____
11. _____
12. _____
13. _____
14. _____
15. _____
16. _____
17. _____
18. _____
19. _____
20. _____

PALABRAS DE ORTOGRAFÍA

1. indígena
2. único
3. estómago
4. próximos
5. múltiple
6. público
7. último
8. década
9. diálogo
10. cerámica
11. espléndido
12. gráfica
13. rápida
14. técnico
15. párrafo
16. propósito
17. dándole
18. tratándolo
19. término
20. página

Cuaderno de práctica
Viajes lejanos

Nombre _____

Lo mucho que se divirtieron
Vocabulario

▶ Lee las palabras de vocabulario. Completa el siguiente cuento rellenando las líneas en blanco con palabras de vocabulario.

sonrosada   desilusionada   contradecirlo
ajustarse   cortesía

La **(1)** _____ cara de Natalia se puso triste. Levantó la mirada de la pantalla de su videojuego y le dijo a María, su compañera de partida: —Lo siento, no puedo terminar este juego, María —dijo lentamente—. Se me han agotado las pilas.

—Pero, ¿cómo es posible? ¿Tan pronto? —preguntó— ¡Si acabamos de empezar! Después de que hemos **(2)** _____ todos los controles. . . ¿Y ahora te rindes? Yo nunca me quedo sin pilas —añadió haciendo un gesto con la cabeza—. Me siento **(3)** _____. ¿Acaso me tienes miedo?

—Bueno, eso no puedo **(4)** _____ —dijo Natalia—. Pero mi problema tiene solución, no creas. . .

Natalia abrió sin **(5)** _____ el congelador de la cocina de María y sacó dos pilas recién recargadas. Las puso en su videojuego y siguió jugando.

▶ Escribe la palabra de vocabulario que vaya con los siguientes grupos de palabras.

6. colorada, enrojecida, _____

7. negar, discrepar, _____

8. modificado, adaptado, _____

9. triste, decepcionada, _____

10. amablemente, educadamente, _____

¡Inténtalo! La palabra de vocabulario *desilusionada* proviene de la palabra "ilusión". Busca en el diccionario qué otras cosas significa "ilusión".

Cuaderno de práctica
Viajes lejanos

Nombre _____

TAREA
Lo mucho que se divirtieron
Sacar conclusiones
PREPARACIÓN PARA LA PRUEBA

▶ **Lee el párrafo. Luego encierra en un círculo la letra de la mejor respuesta.**

En la actualidad, únicamente quedan unas pocas escuelas de un solo salón, pero ocupan un lugar muy especial en el corazón de los estadounidenses. En su época de apogeo, estas diminutas escuelitas rebosaban actividad. Los estudiantes de diferentes edades trabajaban codo a codo en el nivel que les correspondía a cada uno. Los estudiantes mayores colaboraban en la educación de los más pequeños. El maestro se encargaba de mantener la disciplina. Lógicamente, las escuelas de un solo salón no eran perfectas. No todos los maestros de aquella época habían recibido una educación adecuada para su profesión. A veces, los estudiantes mayores se dormían en clase.

1 ¿Qué conclusión sobre las escuelas de un solo salón te parece lógica?

A Las escuelas de un solo salón eran lugares ideales para aprender.

B Las escuelas de un solo salón son malas para los estudiantes.

C Las escuelas de un solo salón tenían muchos aspectos positivos.

D Deberíamos construir más escuelas de un solo salón.

> **Sugerencia**
> ¿Cuál de las conclusiones refleja aspectos positivos y negativos de las escuelas de un solo salón?

2 ¿Qué dato o qué detalle justifica mejor la conclusión anterior?

F Los estudiantes trabajaban en el nivel que les correspondía.

G Algunos estudiantes se dormían en clase.

H El nivel de educación de los maestros variaba mucho.

J Hoy en día sólo quedan unas pocas escuelas de una sola habitación.

> **Sugerencia**
> La respuesta a la pregunta 2 debe ser una consecuencia lógica de la pregunta 1.

3 ¿Cuál de estas conclusiones NO se justifica con la información que aparece en el párrafo?

A Las escuelas de un solo salón guardan recuerdos muy especiales para los estadounidenses.

B Los maestros de las escuelas de un solo salón tenían que dar clase a estudiantes muy diferentes.

C Todos los estudiantes de las escuelas de un solo salón terminaban graduándose.

D En general, las escuelas de un solo salón pertenecen al pasado.

> **Sugerencia**
> Elimina las conclusiones que están claramente especificadas en el párrafo.

Cuaderno de práctica
Viajes lejanos

Nombre _____

Lo mucho que se divirtieron
Gramática: Comparar con adverbios

▶ Subraya la forma comparativa en cada oración. Luego encierra en un círculo el verbo que se compara. Escribe en la línea si la comparación es de superioridad, inferioridad o de igualdad.

1. Margie lee más rápidamente que Tommy. _____

2. El actual maestro de Margie es peor que el anterior. _____

3. Los niños del futuro aprenderán tan bien como los del presente.
   _____

4. Es posible que esos estudiantes estudien menos que nosotros. _____

5. Debido al tráfico, hoy llegamos a la escuela más tarde que ayer. _____

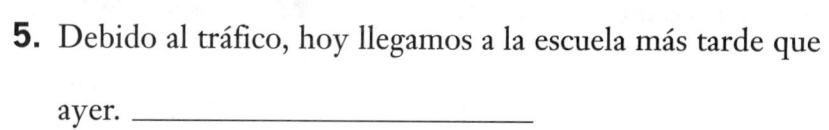

▶ Completa las siguientes oraciones usando comparaciones con adverbios.

6. Hoy me levanté _____ ayer.

7. Yo camino _____ que Juan.

8. Pedro corre _____ yo.

¡Inténtalo! Busca información en la biblioteca o en Internet sobre cómo eran las escuelas en la antigüedad. Escribe un párrafo en el que compares las escuelas de antes con las ahora. Usa todas las comparaciones con adverbios que puedas.

Cuaderno de práctica
Viajes lejanos

Nombre _____

Lo mucho que se divirtieron

Ortografía: Palabras para los lugares y las personas

▶ Dobla esta hoja por la línea punteada. Escribe en las líneas en blanco las palabras de ortografía que tu maestro o maestra lea en voz alta. Desdobla la hoja y comprueba lo que has escrito. Practica la ortografía de las palabras que hayas escrito mal.

1. _____
2. _____
3. _____
4. _____
5. _____
6. _____
7. _____
8. _____
9. _____
10. _____
11. _____
12. _____
13. _____
14. _____
15. _____
16. _____
17. _____
18. _____
19. _____
20. _____

PALABRAS DE ORTOGRAFÍA

1. españoles
2. España
3. canadiense
4. Canadá
5. mexicano
6. México
7. venezolana
8. Venezuela
9. colombiana
10. Colombia
11. puertorriqueño
12. Puerto Rico
13. argentino
14. Argentina
15. brasileño
16. Brasil
17. peruano
18. Perú
19. boliviano
20. Bolivia

Cuaderno de práctica
Viajes lejanos

Nombre _____

A través del ancho y oscuro mar
Vocabulario

▶ Escribe la palabra de vocabulario que completa mejor cada oración de la conversación.

| aparejos | recoger | acurruqué | vasto |
| viga | pantanos | asentamiento | |

1. ¿Qué hacías subiéndote por los _____ del barco?

2. Bueno, es que tenía que _____ las velas y amarrarlas al mástil.

3. ¿Cuánto crees que nos tardemos en establecer nuestro _____ una vez que lleguemos a tierra?

4. No demasiado. Seguramente tendremos un territorio muy _____, cerca del mar donde establecernos.

5. Anoche oí crujir las _____ con la tormenta.

6. Yo escuché ruidos extraños y me _____ en una esquina junto a mi perro.

7. ¡Tierra a la vista! El territorio parece estar lleno de _____.

▶ Usa palabras del vocabulario para completar las siguientes oraciones.

Los colonos cruzaron el (8) _____ mar con la esperanza de construir un (9) _____ en Virginia. Allí podrían hacer casas con las (10) _____ de madera que llevaban a bordo.

¡Inténtalo! Escribe el diálogo entre dos pasajeros de un barco. Trata de utilizar todas las palabras de vocabulario.

Cuaderno de práctica
Viajes lejanos

Nombre _____

TAREA
A través del ancho y oscuro mar

Connotación/ Acepción
PREPARACIÓN PARA LA PRUEBA

▶ **Lee el párrafo. Luego encierra en un círculo la letra de la mejor respuesta a cada pregunta.**

Los pasajeros estaban en la cubierta del barco viendo cómo se aproximaban los oscuros nubarrones. Y la tormenta arreció. El viento rugía y las gotas de lluvia caían como puntas de flecha. Todos bajaron a la cubierta inferior en busca de refugio. El pequeño barco se zarandeaba en todas direcciones, subiendo y bajando con las olas picadas. Las olas del tamaño de una montaña caían sobre la cubierta como si fueran bloques de piedra. Había gente llorando, y vi a un niño acurrucado junto a su padre en un rincón escondido. "¡No te separes de mí, papá!", gritaba aterrorizado.

1 ¿Qué te indica sobre cómo era el viento la palabra *rugía*?

  A que era suave y susurrante
  B que era tranquilo como una brisa
  C que era fuerte, constante y ruidoso
  D que era como el llanto de un niño

> **Sugerencia**
> ¿Qué te sugiere el sonido de la palabra *rugir*?

2 ¿Qué significado sugieren la palabra *zarandeaba*?

  F se columpiaba alegremente
  G era sacudido de lado a lado violentamente
  H se golpeaba
  J se movía en silencio

> **Sugerencia**
> Busca la palabra *zarandear* en el diccionario. Aplica la definición a un barco.

3 ¿Qué oración tendría una connotación más negativa al final del texto?

  A "¡No te vayas de mí, papá!"
  B "¡No zarpes, papá!"
  C "¡No te retires de mí, papá!"
  D "¡No me abandones, papá!"

> **Sugerencia**
> ¿Qué verbo indica lo peor que le podría pasar al niño?

Cuaderno de práctica
Viajes lejanos

Nombre _____

A través del ancho y oscuro mar

Localizar información

▶ Fíjate en estos libros de referencia. Luego lee las preguntas. Escribe cuál sería el mejor libro de referencia para resolver cada pregunta.

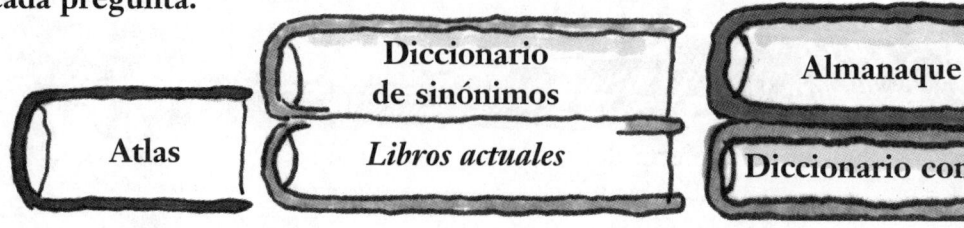

- Atlas
- Diccionario de sinónimos
- Libros actuales
- Almanaque
- Diccionario común

1. Esteban leyó "A través del ancho y oscuro mar". Ahora quiere saber dónde está ubicado Plymouth, Massachusetts. ¿Cuál es la mejor fuente de referencia para encontrar esta información? _____

2. A la mitad de la selección, encontró la palabra *aferró*. ¿En qué libro podrá averiguar lo que significa? _____

3. Esteban ha leído también la palabra *viaje* en la selección. Ahora quiere saber si existen otras palabras que signifiquen más o menos lo mismo. ¿Dónde deberá buscar esta información? _____

4. Esteban quiere encontrar otros libros que haya escrito Jean Van Leeuwen, la autora de "A través del ancho y oscuro mar". ¿Dónde podría encontrarlos?

_____

5. ¿Dónde podría Estaban encontrar un informe del censo sobre la población que tiene Massachusetts? _____

6. Esteban quiere ver por dónde pasó el *Mayflower*. El *Mayflower* fue desde Plymouth, Inglaterra, hasta Plymouth, Massachusetts. ¿Dónde puede consultar este recorrido Esteban? _____

7. Esteban encontró esta información:

   cabo, s.
   1. Cuerda para colgar pesos.
   2. Accidente geográfico en que la tierra se mete en el mar.
   3. Rango militar.

   ¿En qué fuente de referencia lo encontró?

   _____

Cuaderno de práctica
Viajes lejanos

Nombre _____

TAREA
A través del ancho y oscuro mar

Localizar información

▶ **Responde a las siguientes preguntas sobre el uso de una enciclopedia.**

[Imagen de volúmenes de enciclopedia etiquetados: A, B, C, D, E, F, G, H, I, J–K, L, M, Ñ–O, P, Q–R, S, T, U, V–W, X–Y, Z]

1. Tras visitar Plymouth Plantation en Massachusetts, Silvia quería aprender más sobre los colonos. ¿En qué volumen de la enciclopedia debe buscar? _____

2. ¿Qué volumen contiene información sobre el estado en que desembarcaron los colonos? _____

▶ **Utiliza este índice para responder a las preguntas 3–5 sobre los colonos.**

Introducción . . . . Página 1
Capítulo 1 *Salida de Inglaterra* . . . . Página 3
Capítulo 2 *Viaje a través del Atlántico* . . . . Página 12
Capítulo 3 *Llegada a América* . . . . Página 18
Glosario . . . . Página 24
Notas finales . . . . Página 26
Bibliografía selecta . . . . Página 28
Índice . . . . Página 29

3. ¿Dónde encontrarás el significado de la palabra *puritanos*? _____
4. ¿Dónde encontrarás sugerencias para leer más cosas sobre los colonos?
_____
5. ¿Dónde encontrarás la fuente de donde el autor extrajo el costo exacto de construir un barco como el *Mayflower*? _____

▶ **Escribe tres palabras clave que utilizarías para buscar en Internet información sobre los colonos.**

6. _____ 7. _____ 8. _____

Cuaderno de práctica
Viajes lejanos

Nombre _____

A través del ancho y oscuro mar
Gramática: Las palabras negativas

▶ **Escribe la idea contraria de las siguientes oraciones.**

1. Siempre me mareo cuando viajo en barco.
   _____

2. Me gusta viajar en barco o en avión.
   _____

3. Todos nos asustamos cuando empezó la tormenta.
   _____

4. Siempre me acuerdo de llamar a mi tía en su cumpleaños.
   _____

5. A mi hermana también le gusta viajar en barco.
   _____

▶ **Completa las siguientes oraciones con la palabra apropiada que está entre paréntesis.**

6. _____ apersona viajaba sola. **(Nadie, Ninguna)**

7. Nuestros vecinos _____ llevaban mucho equipaje. **(tampoco, ni)**

8. _____ se acuerda del viaje mejor que yo. **(Nada, Nadie)**

9. Nuestro capitán _____ nos hizo perder la esperanza. **(ningún, nunca)**

10. _____ mi hermano José ni mi hermana Paula recuerdan el viaje. **(No, Ni)**

Cuaderno de práctica
Viajes lejanos

Nombre _____

A través del ancho y oscuro mar

Ortografía: Palabras con *ll*, *y*

▶ Dobla esta hoja por la línea punteada. Escribe en las líneas en blanco las palabras de ortografía que tu maestro o maestra lea en voz alta. Desdobla la hoja y comprueba lo que has escrito. Practica la ortografía de las palabras que hayas escrito mal.

1. _____
2. _____
3. _____
4. _____
5. _____
6. _____
7. _____
8. _____
9. _____
10. _____
11. _____
12. _____
13. _____
14. _____
15. _____
16. _____
17. _____
18. _____
19. _____
20. _____

PALABRAS DE ORTOGRAFÍA

1. mayor
2. payaso
3. papaya
4. playera
5. leyes
6. inyección
7. mayonesa
8. desayuno
9. bolsillo
10. zapatillas
11. llegada
12. pesadilla
13. martillo
14. orgulloso
15. taller
16. medalla
17. llenas
18. brillante
19. muelle
20. gallinas

Cuaderno de práctica
Viajes lejanos

Nombre _____

Di el nombre de este americano
Vocabulario

▶ Lee las palabras de vocabulario que están en negrita. Luego completa las siguientes oraciones con la palabra correcta.

| garantizo | distinguidos | identificado | confusa |
| deuda | intérprete | postuló | himno |

1. El _____ tradujo al japonés el discurso del Presidente.

2. El Presidente se sintió _____ como un americano orgulloso de la Decimonovena Enmienda a la Constitución, que concede a las mujeres el derecho de sufragio.

3. Estados Unidos quiere _____ el derecho al voto de todos sus ciudadanos.

4. El comité, compuesto por personajes muy _____, aplaudió las palabras del Presidente.

5. Cantamos con orgullo el _____ nacional de Estados Unidos.

6. Todos los estadounidenses estamos en _____ con los héroes que participaron en la fundación de nuestra nación.

7. No hay que hacer caso a las noticias no confirmadas y _____ sobre personajes importantes de la historia de Estados Unidos.

8. El Presidente habló luego informalmente sobre su campaña electoral en la que se _____ para la Casa Blanca.

▶ Escribe la palabra de vocabulario que vaya con las otras palabras del grupo.

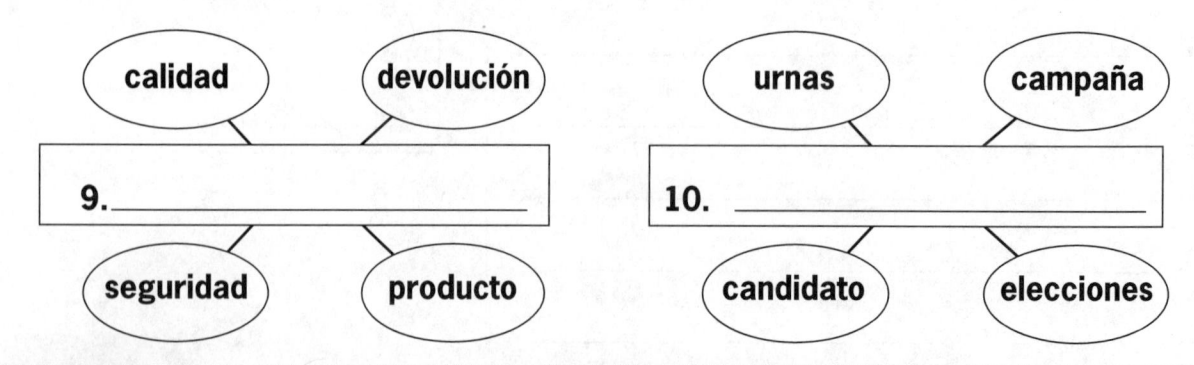

(calidad) (devolución)   (urnas) (campaña)

9. _____   10. _____

(seguridad) (producto)   (candidato) (elecciones)

¡Inténtalo! Escribe un párrafo sobre un problema que te haya resultado muy *confuso*. Utiliza en tu párrafo dos palabras de vocabulario.

Cuaderno de práctica
Viajes lejanos

Nombre _____

TAREA
Di el nombre de este americano

Causa y efecto
PREPARACIÓN PARA LA PRUEBA

▶ **Lee el siguiente párrafo. Luego encierra en un círculo la letra de la mejor respuesta a cada pregunta.**

Cuando Elizabeth Cady Stanton habló en la Convención de Seneca Falls de 1848, pretendía que la gente aceptara la idea del sufragio para las mujeres. Su discurso provocó una fuerte oposición y un debate muy acalorado. Sin embargo, Elizabeth comprobó con enorme satisfacción que había otras personas que coincidían con sus ideas. Afuera de la convención, la gente estaba escandalizada con la idea de que las mujeres pudieran votar. Pero su discurso hizo que la opinión pública comenzara a debatir el asunto. No obstante, su idea no se convirtió en realidad hasta 72 años más tarde.

1 ¿Por qué dio Elizabeth un discurso en la convención?

A Quería organizar una marcha de protesta.

B Quería darse a conocer como oradora.

C Quería que el público se fuera de la convención.

D Quería que la gente aceptara la idea de conceder a las mujeres el derecho al voto.

💡 **Sugerencia**
El motivo que tenía Elizabeth se presenta en la oración temática de este párrafo.

2 ¿Cuál de los siguientes NO fue un efecto del discurso de Elizabeth?

F el apoyo de ciertas personas

G escandalizar a ciertas personas

H el lograr que las mujeres pudieran votar inmediatamente

J lanzar al debate público la idea de que las mujeres votaran

💡 **Sugerencia**
Vuelve a leer los detalles que justifican la oración temática. ¿Cuál de las respuestas NO forma parte de esos detalles?

3 La idea tardó 72 años en convertirse en realidad porque

A Elizabeth así lo quiso.

B muchas mujeres querían votar.

C Elizabeth no expresó sus ideas con claridad.

D eso fue lo que tardó la opinión pública en cambiar.

💡 **Sugerencia**
En función de lo que has aprendido en este párrafo, ¿qué afirmación crees que es cierta?

Cuaderno de práctica
Viajes lejanos

Nombre _____

Di el nombre de este americano

Gramática: Las preposiciones

▶ En la línea en blanco, escribe la preposición o preposiciones de cada una de las siguientes oraciones.

1. La señorita Libertad se encuentra detrás del atril. _____
2. Vamos a recibirlos con un aplauso. _____
3. Desde sus asientos, las personas del público observaban el concurso. _____
4. El segundo panelista está sentando entre el primero y el tercero. _____
5. Según Hunt, él inventó el alfiler de seguridad. _____

▶ Escribe la frase preposicional de cada oración. Luego escribe la preposición.

6. Hay varias hojas sobre la mesa.
   _____
7. Piensa antes de responder para no equivocarte.
   _____
8. Hazle preguntas a los invitados misteriosos.
   _____
9. Estamos interesados en la astronomía.
   _____
10. Dolley Madison estuvo casada con un presidente.
    _____

¡Inténtalo! Escribe cinco oraciones sobre un americano que admires. Cuando termines, subraya todas las preposiciones que hayas utilizado.

Cuaderno de práctica
Viajes lejanos

120

Nombre _____

Di el nombre de este americano

Ortografía: Palabras con *gue, gui, güe, güi*

▶ Dobla esta hoja por la línea punteada. Escribe en las líneas en blanco las palabras de ortografía que tu maestro o maestra lea en voz alta. Desdobla la hoja y comprueba lo que has escrito. Practica la ortografía de las palabras que hayas escrito mal.

1. _____
2. _____
3. _____
4. _____
5. _____
6. _____
7. _____
8. _____
9. _____
10. _____
11. _____
12. _____
13. _____
14. _____
15. _____
16. _____
17. _____
18. _____
19. _____
20. _____

PALABRAS DE ORTOGRAFÍA

1. guerrero
2. vergüenza
3. averigüe
4. bilingüe
5. lingüístico
6. pingüino
7. guitarra
8. guerra
9. manguera
10. águila
11. guiño
12. guisante
13. juguete
14. seguir
15. hormiguero
16. maguey
17. distinguidos
18. siguiente
19. conseguirlos
20. cigüeña

Cuaderno de práctica
Viajes lejanos

Nombre _____

¿Cuál es tu brillante idea, Ben Franklin?
Vocabulario

▶ Lee las palabras del vocabulario. Escribe la palabra que completa mejor cada oración.

| edición | suspendido | honores | artefacto | abrogaban | tratado |

1. El viento mantuvo la cometa de Ben _____ en el aire.

2. Su extraño _____ resultó ser un gran invento.

3. Muchas ideas se publicaron en la primera _____ de su libro.

4. ¿Qué pasó cuando _____ los impuestos injustos?

5. Otra idea que se le ocurrió fue escribir un _____ de paz para terminar la guerra.

6. Todos los _____ de estas magníficas ideas le pertenecen a Ben.

▶ Escribe la palabra del vocabulario que mejor completa cada analogía.

7. *Trotar* es a *correr* lo que *flotar* es a *estar* _____.

8. *Comenzaban* es a *terminaban* lo que *aprobaban* es a _____.

9. *Ley* es a *orden* lo que _____ es a *paz*.

10. *Acciones* son a *hechos* lo que *premios* son a _____.

11. *Autor* es a *libro* lo que *inventor* es a _____.

12. *Revista* es a *número* lo que *libro* es a _____.

¡Inténtalo! Inventa el título de un libro en el que utilices una o dos palabras de vocabulario. Dibuja una portada que se relacione con el título. Escribe el título en tu dibujo.

Cuaderno de práctica
Viajes lejanos

Nombre _____

TAREA
¿Cuál es tu brillante idea, Ben Franklin?
Connotación/acepción
PREPARACIÓN PARA LA PRUEBA

▶ **Lee el párrafo. Encierra en un círculo la letra de la mejor respuesta para cada pregunta.**

En 1782, la lucha por la independencia de Estados Unidos estaba llegando a su fin. Sin embargo, en Nueva York las batallas aún no habían terminado. El ejército necesitaba desesperadamente más soldados allí, y una joven llamada Deborah Sampson se enteró de esto. Como lo que más le importaba eran la independencia y la libertad, se vistió con ropa de hombre, se arregló el cabello como lo usaban los hombres de esa época y se ofreció como voluntaria en el ejército. Se sentía muy petulante por que finalmente había podido ayudar a su país.

1 ¿Qué idea se expresa con la palabra *lucha*?

A Lograr la independencia de Estados Unidos tomó mucho tiempo.

B Lograr la independencia de Estados Unidos no fue muy difícil.

C La independencia de Estados Unidos no se pudo lograr.

D Lograr la independencia de Estados Unidos fue muy difícil.

💡 **Sugerencia**
¿Qué respuesta indica lo que el escritor estaba pensando cuando definió la guerra de independencia como una *lucha* en vez de como un *esfuerzo*?

2 ¿Qué idea se expresa con la palabra *voluntaria*?

F Deborah se alistó en el ejército, pero no le importaba mucho.

G Deborah se alistó en el ejército de buena gana y con mucha alegría.

H A Deborah la obligaron a alistarse en el ejército.

J Deborah se alistó en el ejército, pero esa no era su alternativa preferida.

💡 **Sugerencia**
Busca en el párrafo una descripción de lo que Deborah opinaba acerca de la revolución. ¿De qué manera concuerda la palabra *voluntaria* con sus sentimientos?

3 ¿Qué palabra debería utilizar el escritor en lugar de *petulante* para expresar una connotación más positiva?

A satisfecha

B emocionada

C contenta

D importante

💡 **Sugerencia**
Piensa en lo que sabes sobre Deborah y en qué respuesta expresa sus sentimientos de manera más acertada.

Cuaderno de práctica
Viajes lejanos

Nombre _____

¿Cuál es tu brillante idea, Ben Franklin?

Gramática: Las comas

▶ **Vuelve a escribir las siguientes oraciones, añadiendo comas donde corresponda.**

1. En 1972 a los 26 años de edad Ben concibió una gran idea.

2. Las personas leían sus libros para aprender acerca de fechas de cultivo pronósticos del tiempo calendarios de mareas y los días de luna llena.

3. A veces los refranes ofrecen consejos prácticos.

4. Ben recuerda que debes tener cuidado al realizar tus experimentos.

5. Por favor avísanos si tienes algún problema.

▶ **Escribe una oración con cada palabra o grupo de palabras. Todas las oraciones deben llevar comas.**

6. sin embargo

7. inventor político escritor

8. Benjamín

¡Inténtalo! Busca en la biblioteca o en Internet información sobre un inventor. Escribe un párrafo en el que describas su vida y las cosas que inventó. Asegúrate de usar las comas correctamente.

Cuaderno de práctica
Viajes lejanos

Nombre _____

¿Cuál es tu brillante idea, Ben Franklin?

Ortografía: Combinaciones de consonantes con la s

▶ Dobla esta hoja por la línea punteada. Escribe en las líneas en blanco las palabras de ortografía que tu maestro o maestra lea en voz alta. Desdobla la hoja y comprueba lo que has escrito. Practica la ortografía de las palabras que hayas escrito mal.

1. _____
2. _____
3. _____
4. _____
5. _____
6. _____
7. _____
8. _____
9. _____
10. _____
11. _____
12. _____
13. _____
14. _____
15. _____
16. _____
17. _____
18. _____
19. _____
20. _____

PALABRAS DE ORTOGRAFÍA

1. astrología
2. restricción
3. descripción
4. desplazar
5. esplendor
6. escrito
7. escritor
8. destrucción
9. rostro
10. mostrar
11. discreto
12. frustrado
13. estructura
14. distraído
15. distrito
16. costra
17. mostrenco
18. rastrillo
19. postre
20. rastro

Cuaderno de práctica
Viajes lejanos

Nombre _____

Lewis y Clark
Vocabulario

▶ Lee las palabras de vocabulario. Escribe la palabra de vocabulario que mejor completa cada oración.

| cesar | escabrosos | llanuras | pertinaz | riesgos | considerar |

   Meriwether Lewis y William Clark partieron hacia el Oeste en 1804. Viajaron por un terreno cubierto de extensas

(1) _____ atravesadas por cordilleras

de montañas elevadas y picos (2) _____.

El mal tiempo en ocasiones fue (3) _____,

ya que no paraba de llover ni de hacer frío por muchos días seguidos. Eran muchos los

(4) _____ de explorar un

territorio lejano y desconocido. Pero ambos exploradores continuaron su camino,

recorriendo millas sin (5) _____ y negándose a darse por vencidos. Cuando comenzó el viaje, Lewis escribió en su diario lo que sentía: "Sólo puedo

(6) _____ este momento de mi partida como uno de los más felices

de mi vida."

▶ Lee cada palabra. Escribe una palabra de vocabulario que tenga el mismo significado.

7. persistente _____

8. pensar _____

9. dejar _____

10. peligros _____

11. planicies _____

12. desiguales _____

¡Inténtalo! Lee los ejercicios del 7 al 12. Escribe una oración con cada uno. Usa ambas palabras de cada ejercicio en tus oraciones.

Cuaderno de práctica
Viajes lejanos

Nombre _____

TAREA
Lewis y Clark
Causa y efecto
PREPARACIÓN PARA LA PRUEBA

▶ **Lee el párrafo. Luego encierra en un círculo la letra de la mejor respuesta a cada pregunta.**

Al presidente Jefferson le interesaban las ciencias. Quería conocer las regiones del Oeste de los Estados Unidos. Por eso le pidió al Congreso que enviara exploradores a los territorios desconocidos. El Congreso lo autorizó. Jefferson quería que la expedición reuniera información sobre plantas y animales nuevos. Sin embargo, el Congreso quería que la expedición descubriera nuevas tierras para el desarrollo. Aunque Lewis y Clark (los dos científicos aficionados de Jefferson) reunieron mucha información, el resultado más importante del viaje fue que inspiró a otras personas a viajar hacia el Oeste.

1 ¿Cuál fue la causa por la que Jefferson envió a Lewis y a Clark al Oeste?

  A Quería enviarlos de vacaciones.

  B Quería que descubrieran nuevas tierras para el desarrollo.

  C Quería conocer las plantas y los animales del Oeste.

  D Quería gastar el dinero del Congreso.

Sugerencia
Elimina las respuestas que no tengan sentido.

2 ¿Por qué autorizó el Congreso la exploración del Oeste?

  F A los miembros del Congreso les interesaban las plantas y los animales.

  G Jefferson le caía bien al Congreso.

  H El Congreso quería desarrollar nuevas tierras.

  J El Congreso pensaba que Lewis y Clark eran buenos científicos.

Sugerencia
Busca la oración que dice lo que el Congreso quería.

3 ¿Cuál NO fue un efecto de la expedición de Lewis?

  A Inspiró a otras personas a viajar hacia el Oeste.

  B Lewis y Clark reunieron información científica.

  C Jefferson perdió su interés en las ciencias.

  D Se exploraron nuevos territorios para el desarrollo.

Sugerencia
Elimina las opciones que puedas encontrar en el pasaje.

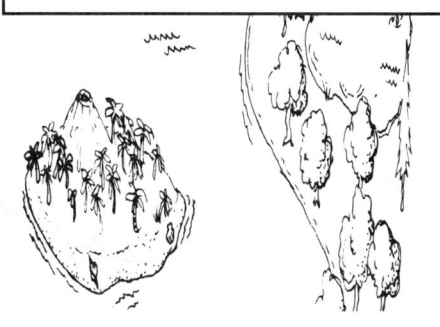

Cuaderno de práctica
Viajes lejanos

Nombre _____

Lewis y Clark
Gramática: El diálogo

▶ **Vuelve a escribir las siguientes oraciones, añadiendo rayas donde sea necesario.**

1. Sacagawea facilitó nuestro viaje hacia el Oeste dijo Lewis.

   _____

   _____

2. Ella es una excelente intérprete agregó Clark.

   _____

3. Lewis dijo: Fue muy emocionante cuando llegamos por fin al océano.

   _____

4. Clark respondió: Sí, todos nos pusimos muy contentos.

   _____

5. También fue bueno conocer tantas tribus indígenas comentó Lewis.

   _____

▶ **Completa el siguiente diálogo indicando lo que dijo cada hablante. Asegúrate de utilizar la raya correctamente.**

6. _____ preguntó Lewis.

7. Clark respondió: _____

8. _____ comentó Lewis.

¡Inténtalo! Escribe un diálogo imaginario en el que hables con Lewis y Clark sobre su expedición al Oeste. Asegúrate de usar la raya correctamente.

Cuaderno de práctica
Viajes lejanos

Nombre _____

Lewis y Clark
Ortografía: Palabras con el patrón CVCVCV

▶ **Dobla esta hoja por la línea punteada. Escribe en las líneas en blanco las palabras de ortografía que tu maestro o maestra lea en voz alta. Desdobla la hoja y comprueba lo que has escrito. Practica la ortografía de las palabras que hayas escrito mal.**

1. _____
2. _____
3. _____
4. _____
5. _____
6. _____
7. _____
8. _____
9. _____
10. _____
11. _____
12. _____
13. _____
14. _____
15. _____
16. _____
17. _____
18. _____
19. _____
20. _____

PALABRAS DE ORTOGRAFÍA

1. casete
2. pelusa
3. metida
4. callaba
5. fatiga
6. pasado
7. título
8. modelo
9. sujeto
10. marino
11. famoso
12. paleta
13. bocina
14. madera
15. pereza
16. tejado
17. relato
18. rugido
19. hallado
20. tenido

Cuaderno de práctica
Viajes lejanos

Nombre _____

Fronteras negras
Vocabulario

▶ A medida que leas cada oración, usa pistas del contexto para determinar el significado de la palabra de vocabulario. Luego escribe la palabra que completa mejor cada analogía.

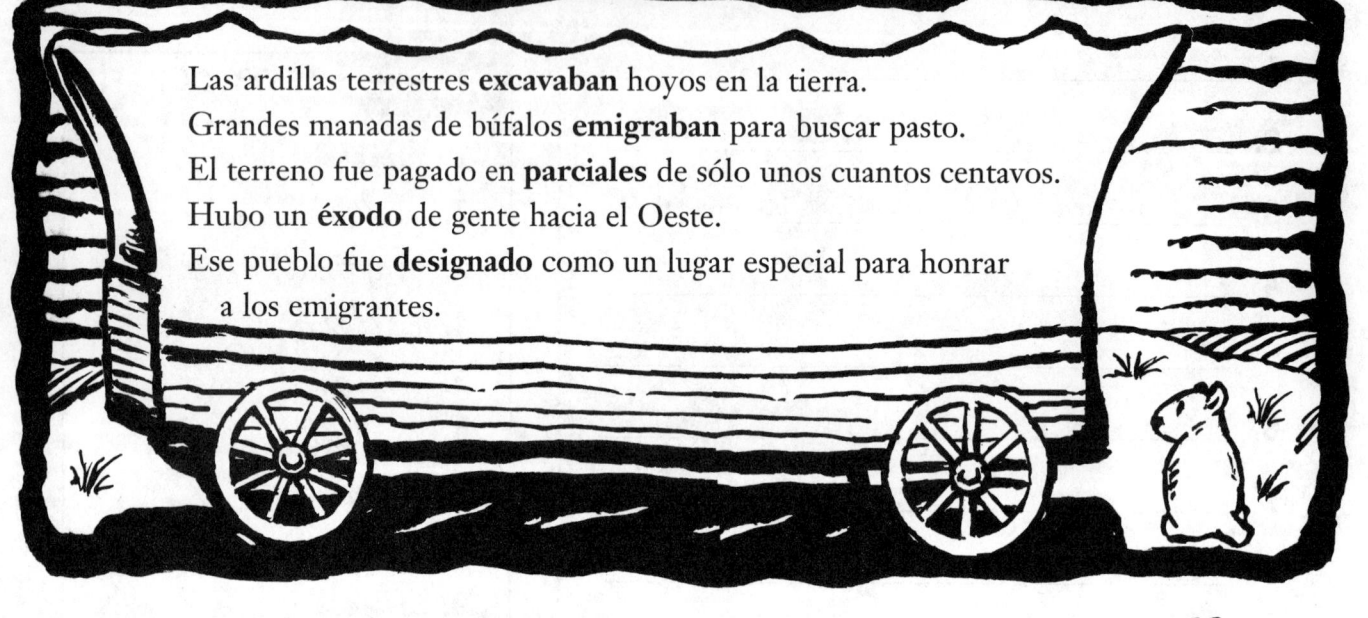

Las ardillas terrestres **excavaban** hoyos en la tierra.
Grandes manadas de búfalos **emigraban** para buscar pasto.
El terreno fue pagado en **parciales** de sólo unos cuantos centavos.
Hubo un **éxodo** de gente hacia el Oeste.
Ese pueblo fue **designado** como un lugar especial para honrar a los emigrantes.

1. *Todo* es a *partes* lo que *total* es a _____.
2. *Se detenían* es a *se quedaban* lo que *se mudaban* es a _____.
3. *Ráfaga* es a *ventisca* lo que *salida* es a _____.
4. *Telaraña* es a *tejían* lo que *hoyo* es a _____.
5. *Purificado* es a *refinado* lo que *elegido* es a _____.

▶ Lee cada grupo de palabras. Tacha la palabra que *no* pertenezca al grupo. Luego escribe la palabra de vocabulario que mejor vaya con las demás palabras.

6. abrió un túnel	congeló	marmota	_____
7. anónimo	escogido	elegido	_____
8. clima	salida	partida	_____
9. viajó	caminó	se colocó	_____
10. regular	pagos	separar	_____

¡Inténtalo! Imagínate que eres un pionero, ya sea en el pasado o en un tiempo de exploración del futuro. Escribe un párrafo sobre tu experiencia, con por lo menos tres palabras de vocabulario.

Cuaderno de práctica
Viajes lejanos

Nombre _____

TAREA
Fronteras negras
Resumir y parafrasear
PREPARACIÓN PARA LA PRUEBA

▶ **Lee el párrafo. Luego encierra en un círculo la letra de la mejor respuesta a cada pregunta.**

El emigrar a las Grandes Llanuras exigió valor y mucho trabajo. Había que quitar rocas, hierba y árboles antes de que se pudiera sembrar. Los emigrantes necesitaban semillas para sembrar y comida suficiente hasta la cosecha. Como no había tiendas, los pioneros aprendieron a hacer té con la hierba silvestre, y su propio jabón y champú con la yuca. Sobre todo, los emigrantes necesitaban un hogar para protegerse del clima. El construir una morada de tepe o adobe era su mayor prioridad.

1 ¿Cuál es el mejor resumen de esta selección?

A Los emigrantes tenían que hacer cosas, como el jabón y el champú, porque no había tiendas.

B Las casas de los emigrantes eran de tepe o adobe.

C Era necesario quitar rocas, hierba y árboles.

D Los emigrantes trabajaron mucho para cultivar la tierra y construir sus casas.

💡 **Sugerencia**
Un resumen es una oración breve que expresa las ideas más importantes de una selección.

2 ¿Cuál es la mejor paráfrasis de la primera oración?

F Las Grandes Llanuras no era el lugar apropiado para personas de voluntad fuerte y que querían trabajar mucho.

G Las personas que emigraron a las Grandes Llanuras necesitaban tener valor y tenían que trabajar mucho.

H La emigración a las Grandes Llanuras era muy rara.

J La emigración a las Grandes Llanuras exigió persistencia y mucho trabajo.

💡 **Sugerencia**
Elimina las opciones que tienen significados que son completamente diferentes.

3 ¿Cuál es la mejor paráfrasis de la última oración?

A Las moradas estaban construidas de tierra o adobe de lodo.

B El hacer una casa de tepe o de adobe era sumamente importante.

C El construir una morada de tepe o adobe era su mayor prioridad.

D Usar tepe y adobe era lo más importante.

💡 **Sugerencia**
Elimina la respuesta que vuelve a decir exactamente lo mismo. Ésta no es una paráfrasis.

Cuaderno de práctica
Viajes lejanos

Nombre _____

TAREA
Fronteras negras
Organizar información

▶ Lee la información de cada tabla o gráfica. Luego encierra en un círculo las respuestas a las preguntas.

Tren número 303 Horas diarias de operación			Distancia
9:20 A.M.	Salida	Chicago, IL	0
12:15 P.M. 12:38 P.M.	Llegada Salida	Springfield, IL	185
3:05 P.M. 3:30 P.M.	Llegada Salida	St. Louis, MO	284
9:10 P.M.	Llegada	Kansas City, MO	567

1. ¿Cómo está organizada la información del horario de trenes?

    A en orden alfabético

    B en orden de horas

    C en orden de fechas

2. ¿A qué hora llega el tren a Kansas City, Missouri?

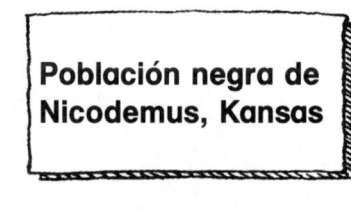

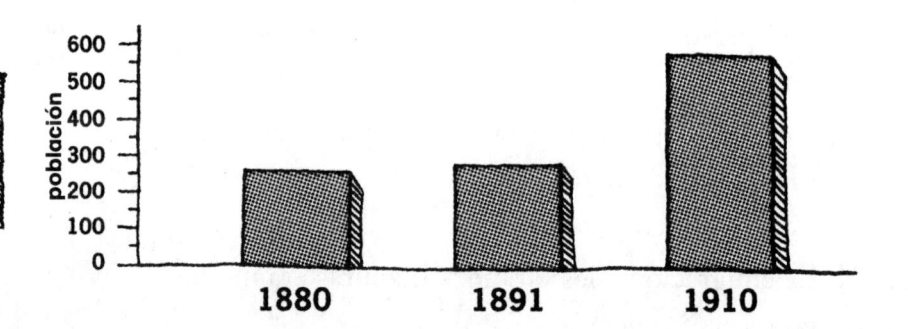

    _____

Población negra de Nicodemus, Kansas

3. ¿Cómo está organizada la información de población?

    A en orden alfabético

    B en orden de horas

    C en orden de fechas

4. ¿Cuál era la población de Nicodemus en 1910? _____

5. Para hacer una lista de todas las personas que había en Nicodemus en 1910, ¿cuáles serían dos maneras de organizar la lista?

_____

Cuaderno de práctica
Viajes lejanos

Nombre _____

Fronteras negras
Gramática: Las abreviaturas

▶ **Escribe la abreviatura de las siguientes palabras completas.**

1. señora _____
2. licenciado _____
3. doctor _____
4. avenida _____
5. milímetro _____
6. profesor _____
7. litro _____

▶ **Vuelve a escribir las siguientes oraciones, utilizando abreviaturas cuando puedas.**

8. Mido 1 metro y 40 centímetros. _____
_____

9. La señorita López vive en la avenida Zapata. _____
_____

10. El doctor Antonio Velásquez es un excelente médico. _____
_____

¡Inténtalo! Con un compañero o compañera busca un artículo de una revista que tenga varias abreviaturas. Copia las abreviaturas y escribe lo que significan. Investiguen el significado de las abreviaturas que no conozcan.

Cuaderno de práctica
Viajes lejanos

Nombre _____

Fronteras negras
Ortografía: Palabras para los viajes

▶ Dobla esta hoja por la línea punteada. Escribe en las líneas en blanco las palabras de ortografía que tu maestro o maestra lea en voz alta. Desdobla la hoja y comprueba lo que has escrito. Practica la ortografía de las palabras que hayas escrito mal.

1. _____
2. _____
3. _____
4. _____
5. _____
6. _____
7. _____
8. _____
9. _____
10. _____
11. _____
12. _____
13. _____
14. _____
15. _____
16. _____
17. _____
18. _____
19. _____
20. _____

PALABRAS DE ORTOGRAFÍA

1. monumentos
2. turismo
3. aeropuerto
4. boleto
5. aeromoza
6. chofer
7. excursión
8. pasaporte
9. pasaje
10. viajar
11. aduana
12. museo
13. maletas
14. maletín
15. guía
16. turista
17. autobús
18. tren
19. vacaciones
20. cambio

Cuaderno de práctica
Viajes lejanos

Índice de estrategias y destrezas

COMPRENSIÓN

Causa y efecto 119, 127
El propósito y la perspectiva del autor 97, 105
Estructura del texto: Comparar y contrastar 92, 101
Estructura del texto: Idea principal y detalles 57, 66, 88
Estructura del texto: Secuencia 53
Formar juicios 16
Hacer inferencias 43
Hecho y opinión 75, 84
Resumir y parafrasear 28, 38, 131
Sacar conclusiones 24, 33, 109
Sintetizar 62

GRAMÁTICA

Las oraciones 4
Clases de oraciones 9
Los sujetos y los predicados 13
Los sujetos y predicados completos y simples 17
Los sujetos compuestos y los predicados compuestos 21
Las oraciones simples y compuestas y las conjunciones 25
Los sustantivos comunes y los sustantivos propios 30
Los sustantivos singulares y plurales 35
Los pronombres y los antecedentes 39
Los posesivos 44
Los adjetivos y los artículos 49
La concordancia entre el sustantivo y el adjetivo 54
Los adjetivos demostrativos 58
Los pronombres demostrativos 63
Comparación de adjetivos 68
Los verbos de acción y los verbos copulativos 72
Los verbos reflexivos 77
Los verbos principales y los verbos auxiliares 81
Los verbos en el tiempo presente 85
Los verbos en el tiempo pasado: pretérito 89
Los verbos en el tiempo pasado: pretérito imperfecto 94
Los verbos en el tiempo futuro 98
Los verbos irregulares 102
Los adverbios 106
Comparar con adverbios 110
Las palabras negativas 116
Las preposiciones 120
Las comas 124
El diálogo 128
Las abreviaturas 133

RESPUESTA Y ANÁLISIS LITERARIOS

Caracterización 93
Elementos narrativos 7, 20, 42
Formas literarias 8
Lenguaje figurado 29
Mensajes de los medios de comunicación 67
Punto de vista 3

Cuaderno de práctica
Viajes lejanos

Índice de estrategias y destrezas

Ortografía

Las combinaciones de vocales 5
Las combinaciones de consonantes 10
Los prefijos 14
Los sufijos 18
Palabras para las asignaturas 22
Palabras singulares y plurales 26
Sustantivos con cambios de ortografía 31
Palabras con *c, s, z* 36
Palabras compuestas 40
Palabras para los animales salvajes 45
Combinaciones de vocales *ai, au, ay* 50
Palabras con *ge, gi, je, ji* 55
Combinaciones de consonantes con la *m* 59
Palabras relacionadas 64
Nombres de los Estados Unidos 69
Palabras que terminan en *-ón* 73
Verbos con cambios de ortografía 78
Palabras que comienzan con *es-, ex-* 82
Homófonos 86
Palabras para el dinero 90
Palabras agudas 95
Palabras que terminan en *-dad, -tad* 99
Combinaciones de consonantes con la *n* 103
Palabras esdrújulas 107
Palabras para los lugares y las personas 111
Palabras con *ll, y* 117
Palabras con *gue, gui, güe, güi* 121
Combinaciones de consonantes con la *s* 125
Palabras con el patrón CVCVCV 129
Palabras para los viajes 134

Investigación e información

Elementos gráficos 52, 61

Referencias y recursos
   Organizar información 132
   Ubicar información 114, 115
   Técnicas de búsqueda 48

Vocabulario

Clasificar/categorizar 76
Connotación/acepción 113, 123
Palabras de varios significados 34
Prefijos, sufijos y raíces 2, 12, 47
Relación entre las palabras 71, 80
Vocabulario de la selección 1, 6, 11, 15, 19, 23, 27, 32, 37, 41, 46, 51, 56, 60, 65, 70, 74, 79, 83, 87, 91, 96, 100, 104, 108, 112, 118, 122, 126, 130

Cuaderno de práctica
Viajes lejanos

TROFEOS

Pruebas al final de la lectura

Grado 5

Nombre _____ Fecha _____

Verano caliente y frío

Instrucciones: En los ejercicios 1 al 18, rellena el círculo que está delante de la respuesta correcta. En los ejercicios 19 y 20, escribe la respuesta.

Vocabulario

1. Nunca has visto nada como la gran _____ que ocurrió en el salón cuando un pájaro entró volando por la ventana.
   - Ⓐ compañía
   - Ⓑ promoción
   - Ⓒ conmoción
   - Ⓓ tradición

2. Luis hizo un _____ de silencio para no decirle a nadie el secreto de Paula.
   - Ⓐ voto
   - Ⓑ vuelo
   - Ⓒ cerca
   - Ⓓ aprender

3. Cuando fuimos de vacaciones, cada uno trajo un _____ .
   - Ⓐ reparo
   - Ⓑ recuerdo
   - Ⓒ acuerdo
   - Ⓓ lustrar

4. Una _____ en el tema del arte visitó la clase y nos habló de las pirámides.
   - Ⓐ ocupación
   - Ⓑ autoridad
   - Ⓒ acordeón
   - Ⓓ enriquecer

5. En el patio de mi tío hay un manzano y una _____ .
   - Ⓐ famosa
   - Ⓑ examinar
   - Ⓒ mimosa
   - Ⓓ tierra

6. Los jugadores se esforzaron tanto que ahora están _____ .
   - Ⓐ exhaustos
   - Ⓑ distinguidos
   - Ⓒ abandonados
   - Ⓓ ilustrados

Cuaderno de práctica
Viajes lejanos

Comprensión

7. El género de esta selección es ficción realista porque _____ .
   - Ⓐ es sobre la vida de una persona
   - Ⓑ el cuento tiene principio, desarrollo y fin
   - Ⓒ hay un conflicto entre el bien y el mal
   - Ⓓ el lugar y los personajes podrían ser reales

8. Al principio del cuento, Rory y Derek no quieren conocer a Luci porque _____ .
   - Ⓐ no les importa que haya aprendido sus primeras palabras
   - Ⓑ no les gustan las niñas
   - Ⓒ le tienen miedo
   - Ⓓ no les gustan las guacamayas

9. ¿Qué parentesco tiene Edna con otro de los niños?
   - Ⓐ Es prima de Bolivia.
   - Ⓑ Es hermana de Rory.
   - Ⓒ Es prima de Luci.
   - Ⓓ Es hermana de Derek.

10. Los muchachos no quieren hablar con Bolivia, así que _____ .
    - Ⓐ se turnan para hacer la comida en el asador
    - Ⓑ le prestan atención a Edna
    - Ⓒ se llenan la boca de comida
    - Ⓓ hacen chistes sobre las hamburguesas de carne de pavo

11. El Sr. Dunn quiere que Rory _____ .
    - Ⓐ coma más hamburguesas y ensalada de papas
    - Ⓑ hable con Edna
    - Ⓒ lo ayude a servir la comida
    - Ⓓ le cuente a Bolivia cosas sobre Woodside

Cuaderno de práctica
Viajes lejanos

Nombre _____ Fecha _____

12. Todas las opciones siguientes son pistas que hacen a los muchachos pensar que Luci es una bebé **excepto** _____ .
   Ⓐ Bolivia juega a "Este cerdito se fue al mercado"
   Ⓑ Luci le dice su primera palabra a la Sra. Golding
   Ⓒ Bolivia no puede traer a Luci a la parrillada porque el humo le puede hacer daño
   Ⓓ Luci sabe diez palabras

13. ¿Por qué piensa Rory que las muchachas no tienen idea de lo que les gusta a los muchachos?
   Ⓐ Bolivia sugiere que los muchachos jueguen con Luci.
   Ⓑ Bolivia les quiere contar sus viajes a los muchachos.
   Ⓒ Edna y Luci quieren jugar con Rory y Derek.
   Ⓓ Bolivia juega a "Este cerdito se fue al mercado" con Edna.

14. Cuando Rory ve a Bolivia cruzar el seto de camino a casa, él piensa que ella _____ .
   Ⓐ está enojada y se fue de la fiesta
   Ⓑ va a buscar a Luci
   Ⓒ regresará con fotos de su viaje
   Ⓓ sabe que los muchachos no quieren estar con ella

15. ¿Qué recuerdo guarda Rory de la primera tarde en que se escondió de Bolivia?
   Ⓐ un pedazo de lechuga de un sándwich
   Ⓑ una salchicha quemada
   Ⓒ una tarjeta para la piscina
   Ⓓ una entrada de cine

16. ¿Por qué les parece interminable el verano a los chicos?
   Ⓐ porque apenas es junio
   Ⓑ porque se acaban de terminar las clases
   Ⓒ porque pasará mucho tiempo antes de que Bolivia se vaya de Woodside
   Ⓓ porque no tienen nada que hacer

Cuaderno de práctica
Viajes lejanos

Nombre _____ Fecha _____

17. Además de su voto de silencio, ¿por qué Rory y Derek no admiten que pensaban que Luci era una bebé?

Ⓐ Rory y Derek piensan que Bolivia les está gastando una broma.

Ⓑ A los muchachos les da vergüenza y no aceptan que cometieron un error.

Ⓒ Los muchachos no dicen nada porque no les gusta Luci.

Ⓓ Bolivia verdaderamente les parece desagradable.

18. ¿Por qué se olvida Derek de que prometió no hablarle nunca a Bolivia?

Ⓐ porque Bolivia y Edna están divirtiéndose

Ⓑ porque los bomberos vienen a salvar a Luci

Ⓒ porque Rory empieza a hablar con ella

Ⓓ porque Luci es muy interesante

19. ¿Qué piensan Rory y Derek cuando creen que Luci es una bebé que se cayó por la ventana? ¿Y cuando averiguan que Luci es una guacamaya trepada en un árbol?

_____
_____
_____
_____
_____
_____

20. ¿Qué sospecha Rory?

_____
_____
_____
_____

Cuaderno de práctica
Viajes lejanos

Nombre _____ Fecha _____

Ve Tras Los Árboles

Instrucciones: En los ejercicios 1 al 18, rellena el círculo que está delante de la respuesta correcta. En los ejercicios 19 y 20, escribe la respuesta.

Vocabulario

1. La maestra le dijo a la clase que debía _____ y portarse bien.
   - Ⓐ tranquilizarse
   - Ⓑ deshonrar
   - Ⓒ dirigirse
   - Ⓓ competir

2. Cuando Paco contaba una historia, siempre _____ y hacía que las cosas parecieran más graves de lo que en realidad eran.
   - Ⓐ emergía
   - Ⓑ exageraba
   - Ⓒ despreciaba
   - Ⓓ expulsaba

3. Ramón, que tenía una excelente puntería, sacó una flecha de su _____ .
   - Ⓐ arco
   - Ⓑ blanco
   - Ⓒ silencio
   - Ⓓ carcaj

4. Las piedras estaban cubiertas de _____ verde.
   - Ⓐ junco
   - Ⓑ frente
   - Ⓒ musgo
   - Ⓓ jugador

5. El cazador tocó su _____ para atraer a la presa.
   - Ⓐ mulato
   - Ⓑ musgo
   - Ⓒ árbrito
   - Ⓓ silbato

6. El venado huyó al oír los _____ del indio.
   - Ⓐ callados
   - Ⓑ mocasines
   - Ⓒ ocasos
   - Ⓓ morrales

Comprensión

7. ¿Qué tiene que ocurrir para que Nuez pueda desayunar?
   - Ⓐ Tiene que lanzar el musgo al aire.
   - Ⓑ Tiene que preparar el arco para disparar.
   - Ⓒ Tiene que fabricar flechas para disparar.
   - Ⓓ Tiene que usar su arco y flecha para darle al blanco.

Cuaderno de práctica
Viajes lejanos

Nombre _____ Fecha _____

8. La madre de Nuez _____.
   - Ⓐ se toma muy en serio el enseñarle a disparar bien con el arco
   - Ⓑ es una buena arquera y quiere que su hijo también lo sea
   - Ⓒ está muy tranquila mientras le enseña a disparar
   - Ⓓ está convencida de que su hijo será un buen arquero

9. Según Atrae Venados, el truco para ser un buen arquero consiste en _____.
   - Ⓐ tener un buen arco
   - Ⓑ practicar mucho
   - Ⓒ hacerlo con tres dedos
   - Ⓓ cerrar los ojos

10. ¿Cómo descubre Atrae Venados el problema de Nuez?
    - Ⓐ Le pide que dispare una flecha.
    - Ⓑ Le dice que se fije en las luciérnagas.
    - Ⓒ Le pregunta cuántos dedos tiene.
    - Ⓓ Prueba la cuerda del arco de Nuez.

11. Este cuento está basado en el hecho de que Nuez _____.
    - Ⓐ no ve bien
    - Ⓑ no tiene edad suficiente para salir a cazar
    - Ⓒ tiene hambre
    - Ⓓ se parece a su tío

12. ¿Por qué la madre de Nuez le venda los ojos cuando se sientan en el bosque?
    - Ⓐ Quiere que le resulte más difícil darle al blanco.
    - Ⓑ Atrae Venados le aconseja que pruebe un nuevo método.
    - Ⓒ Quiere que Nuez utilice el oído para "ver".
    - Ⓓ Nuez es capaz de ver a través de la venda.

13. Nuez se siente desanimado al aprender a disparar, pero _____.
    - Ⓐ le da igual con tal de aprender algún día
    - Ⓑ no le importa, porque Atrae Venados es el mejor arquero de la familia
    - Ⓒ "ve" cosas que su madre no ve
    - Ⓓ le pide a su padre que le enseñe

Cuaderno de práctica
Viajes lejanos

14. ¿Por qué Nuez no quiere ir al concurso de tiro al blanco?

  Ⓐ porque le haría sentir vergüenza a Atrae Venados
  Ⓑ porque no ha aprendido a disparar
  Ⓒ porque su padre no irá a verlo
  Ⓓ porque primero quiere que su madre le dé su desayuno

15. La *weroance,* la persona más importante del pueblo, _____ .

  Ⓐ tiene una voz muy estridente que asusta a todo el mundo
  Ⓑ es la que dirige el concurso de pesca
  Ⓒ es la que enseña a disparar con arco
  Ⓓ es la experta en cacería

16. ¿Por qué ordena la *weroance* que primero se celebre el nuevo concurso?

  Ⓐ porque no quiere que Nuez tenga una mala actuación en el concurso de tiro al blanco
  Ⓑ para ver si Fuego Gris está cerca
  Ⓒ para evitar que suceda algo malo
  Ⓓ para demostrar que las virtudes de Nuez son importantes

17. El hermano de la *weroance* se llama Fuego Gris porque _____ .

  Ⓐ pierde el aliento cuando camina cuesta arriba
  Ⓑ camina silenciosamente y pasa por los sitios como si fuera humo
  Ⓒ tiene un paso ligero, aunque cojea
  Ⓓ le gusta hacer hogueras grandes y con mucho humo

18. Esta selección es ficción histórica porque _____ .

  Ⓐ tiene lugar en el pasado y trata sobre cosas que pueden haber sucedido
  Ⓑ tiene lugar en nuestros tiempos y trata sobre cosas que pueden haber sucedido
  Ⓒ es de mucho suspenso
  Ⓓ no es realista y tiene personajes que no podrían existir

Cuaderno de práctica
Viajes lejanos

Nombre _____ Fecha _____

19. ¿Cómo le ayuda la venda a ganar el concurso a Nuez?

_____
_____
_____
_____
_____
_____
_____
_____

20. ¿Por qué recibe Nuez el nombre de "Ve tras los árboles"?

_____
_____
_____
_____
_____
_____
_____
_____
_____

Cuaderno de práctica
Viajes lejanos

Nombre _____ Fecha _____

Yang tercera y su familia imposible

Instrucciones: En los ejercicios 1 al 18, rellena el círculo que está delante de la respuesta correcta. En los ejercicios 19 y 20, escribe la respuesta.

Vocabulario

1. Si mi _____ no hubiera tocado tan bien, no habríamos ganado el premio en el concurso de canto.
   - Ⓐ complicación
   - Ⓑ autoridad
   - Ⓒ acompañante
   - Ⓓ posición

2. ¿Vas a ir a la _____ que va a dar la maestra de piano en la escuela?
   - Ⓐ angustia
   - Ⓑ presentación
   - Ⓒ presidenta
   - Ⓓ presencia

3. Joaquín quiere ser _____ y trabajar en un circo.
   - Ⓐ malvado
   - Ⓑ maestro
   - Ⓒ malabarista
   - Ⓓ marinero

4. En el concierto de anoche, la orquesta interpretó una famosa _____ de Mozart.
   - Ⓐ banda
   - Ⓑ viola
   - Ⓒ compuesta
   - Ⓓ sonata

5. El ayuntamiento de mi ciudad ha aprobado la construcción de un nuevo _____ .
   - Ⓐ auditorio
   - Ⓑ actor
   - Ⓒ presupuesto
   - Ⓓ pleno

6. Francisco hizo una _____ de desagrado al oír el chirrido de la uña del maestro contra el pizarrón.
   - Ⓐ música
   - Ⓑ mustia
   - Ⓒ muestra
   - Ⓓ mueca

Cuaderno de práctica
Viajes lejanos

Nombre _____ Fecha _____

Comprensión

7. Este cuento es _____ .
   - Ⓐ un poema
   - Ⓑ ficción realista
   - Ⓒ ficción histórica
   - Ⓓ una biografía

8. ¿Qué problema tiene Holly?
   - Ⓐ Su madre no puede llevarla al ensayo.
   - Ⓑ Su acompañante está enferma.
   - Ⓒ Mary toca muy mal el violoncelo.
   - Ⓓ No ha practicado lo suficiente.

9. Para ayudar a Holly, Mary sugiere _____ .
   - Ⓐ acompañarla con el violoncelo
   - Ⓑ que la acompañe la señora Hanson
   - Ⓒ que la acompañe su madre
   - Ⓓ que ella practique en su casa todos los días

10. ¿Quién narra el cuento?
    - Ⓐ la señora Hanson
    - Ⓑ Holly
    - Ⓒ Kim
    - Ⓓ Mary

11. A diferencia de Holly, Mary piensa que tocar en el grupo estudiantil de cámara sería _____ .
    - Ⓐ aburrido
    - Ⓑ maravilloso
    - Ⓒ una pérdida de tiempo
    - Ⓓ caro

12. Para Holly, hay algo más importante que tocar en el grupo estudiantil de cámara. ¿Qué es?
    - Ⓐ criar perros pura sangre
    - Ⓑ ir de campamento
    - Ⓒ actuar en una obra de teatro
    - Ⓓ practicar con sus amigos

13. Mary espera que si su madre toca el piano para Holly, los Hanson mostrarán un poco más de _____ por ella.
    - Ⓐ respeto
    - Ⓑ autoridad
    - Ⓒ estilo
    - Ⓓ ajetreo

Cuaderno de práctica
Viajes lejanos

14. La señora Sylvester piensa que los gatos son _____ .

Ⓐ unos animalitos muy cariñosos
Ⓑ más simpáticos que los perros
Ⓒ más molestos que los perros
Ⓓ egoístas

15. "En cualquier momento, uno de mis platos podría caerse y hacerse añicos." ¿Qué crees que significa "añicos"?

Ⓐ más valioso
Ⓑ pedazos
Ⓒ invisible
Ⓓ pocos años

16. Cuando Holly practica con la señora Yang, todos se dan cuenta de que _____ .

Ⓐ a Holly le encanta la viola
Ⓑ Holly logrará que la acepten en la orquesta
Ⓒ Holly toca bien, pero sin vida
Ⓓ Holly está pensando en perros pura sangre

17. La señora Yang repite sin parar que no toca muy bien porque _____ .

Ⓐ toca sin vida
Ⓑ se equivoca varias veces
Ⓒ el piano está desafinado
Ⓓ para los chinos es de mala educación aceptar un halago

18. Mary interviene cuando la señora Hanson y Holly se ríen de su familia porque _____ .

Ⓐ cree que se están burlando de su familia
Ⓑ cree que deberían avergonzarse de reírse
Ⓒ están juzgando mal cómo toca su madre
Ⓓ Holly seguramente comete errores al tocar

Nombre _____ Fecha _____

19. La señora Hanson se empieza a reír de pronto y dice: "¡Desde luego! ¡Ya no tenemos bananas!" cuando

_____
_____
_____
_____
_____
_____
_____
_____

20. Mary siente vergüenza porque su familia no se esfuerza más por aprender las costumbres estadounidenses. Al final del cuento, ¿qué es lo que aprende sobre este tipo de actitud?

_____
_____
_____
_____
_____
_____
_____
_____

Cuaderno de práctica
Viajes lejanos

Nombre _____ Fecha _____

Querida Sra. Parks

Instrucciones: En los ejercicios 1 al 18, rellena el círculo que está delante de la respuesta correcta. En los ejercicios 19 y 20, escribe la respuesta.

Vocabulario

1. Tengo que escribir tantas cartas que no sé cuándo lograré poner al día mi _____ .
   - Ⓐ correspondencia
   - Ⓑ comercial
   - Ⓒ constitución
   - Ⓓ composición

2. Tal vez su valentía y su dedicación lleguen algún día a _____ en tu carrera profesional.
   - Ⓐ residir
   - Ⓑ irritarte
   - Ⓒ inspirarte
   - Ⓓ confundirte

3. Ana recibió el premio llena de orgullo y de _____ .
   - Ⓐ desesperanza
   - Ⓑ presión
   - Ⓒ inspección
   - Ⓓ dignidad

4. Antonio se sintió _____ por la forma en que lo trataban algunos estudiantes mayores.
   - Ⓐ extenuado
   - Ⓑ sonreído
   - Ⓒ ridiculizado
   - Ⓓ burlado

5. María tiene un gran _____ como pianista.
   - Ⓐ composición
   - Ⓑ incredulidad
   - Ⓒ potencial
   - Ⓓ acompañando

6. Mi hermano fue a hablar con el _____ de la escuela para discutir sus planes para el futuro.
   - Ⓐ consejero
   - Ⓑ juez
   - Ⓒ contador
   - Ⓓ autor

7. Mi hermana piensa que es importante que encuentre un buen _____ , puesto que éste es su primer trabajo serio.
   - Ⓐ recuerdo
   - Ⓑ mentor
   - Ⓒ monitor
   - Ⓓ acompañante

Cuaderno de práctica
Viajes lejanos

Nombre _____ Fecha _____

Comprensión

8. ¿Qué le dice la Sra. Parks a Jimmy sobre las preguntas?

Ⓐ que puede aprender muchas cosas escuchando las preguntas de los demás

Ⓑ que nunca hay que tener miedo de admitir que no se sabe la respuesta a una pregunta

Ⓒ que hacer preguntas no sirve para resolver problemas

Ⓓ que nunca hay que decir que no se sabe la respuesta a algo

9. Según la Sra. Parks, ¿cuál es la ventaja principal de hacer preguntas?

Ⓐ que sirve para aprender cosas

Ⓑ que sirve para no tener miedo

Ⓒ que las respuestas siempre te dicen exactamente qué hacer

Ⓓ que sirve para tomar mejores decisiones en la vida

10. La Sra. Parks le responde a Richard que mantenga su mente abierta. ¿Qué quiere decir con esto?

Ⓐ que su papá está equivocado

Ⓑ que siga aprendiendo durante toda su vida

Ⓒ que debe comportarse siempre como si lo supiera todo, aunque no sea cierto

Ⓓ que debe aprender todo lo posible sobre las computadoras

11. La Sra. Parks les aconseja a los estudiantes que "Trabajen mucho, no se desanimen y siempre _____".

Ⓐ traten de hacer lo mejor que puedan

Ⓑ expresen sus virtudes

Ⓒ alcancen su máximo potencial

Ⓓ sean líderes

12. ¿Por qué dice la Sra. Parks que "Todos somos líderes alguna vez en la vida"?

Ⓐ porque la escuela puede convertir en un líder a cualquiera

Ⓑ porque cree que todos tenemos virtudes o talentos

Ⓒ porque cree en el trabajo y el esfuerzo

Ⓓ porque dice que no debemos tener miedo de ser ridiculizados

Cuaderno de práctica
Viajes lejanos

13. ¿Qué aprende Rosa Parks de su abuela?
- Ⓐ matemáticas, ciencias y literatura
- Ⓑ a cuidar a enfermos
- Ⓒ lo importante que es la dignidad personal
- Ⓓ a cocinar y a hacer tareas domésticas

14. Las abuelas cuentan historias del pasado para inspirarnos, para que aprendamos de nuestros errores y para _____ .
- Ⓐ que no nos metamos en líos
- Ⓑ que aprendamos a hacer cosas
- Ⓒ que aprendamos otro idioma
- Ⓓ mantener la historia viva

15. Según la Sra. Parks, ¿para qué nos sirven las historias que nos cuentan las abuelas?
- Ⓐ para aprender a divertirnos
- Ⓑ para trabajar y lograr la libertad
- Ⓒ para darnos valentía, fe y voluntad de sacrificio
- Ⓓ para prepararnos a ocupar el lugar que nos corresponde en el mundo de mañana

16. ¿Qué oración describe mejor a la Sra. Parks?
- Ⓐ Es una señora que se interesa en nuevas ideas y actividades.
- Ⓑ Es una señora a la que ya no le interesan los demás.
- Ⓒ Es una señora pesimista respecto al futuro de Estados Unidos.
- Ⓓ Es una señora cansada y vieja.

17. Según la Sra. Parks, todos podemos hacer un mundo mejor _____ .
- Ⓐ si escogemos una profesión técnica
- Ⓑ si hacemos todo lo que podamos por los demás
- Ⓒ si no nos metemos en los asuntos de los demás ni ayudamos a nadie
- Ⓓ si no colaboramos con ningún grupo comunitario

Cuaderno de práctica
Viajes lejanos

Nombre _____ Fecha _____

18. ¿Por qué ayudó la autora a la Sra. Parks a publicar sus cartas?

Ⓐ para inspirar a todos a que apoyen a las personas sin hogar

Ⓑ para demostrar la importancia de las abuelas

Ⓒ para mostrar la clase de persona que era Rosa Parks

Ⓓ para fomentar las actividades deportivas de los ancianos

19. ¿Por qué está orgullosa la Sra. Parks de ser estadounidense?

_____
_____
_____
_____
_____
_____
_____

20. Según la Sra. Parks, ¿cuál es el deber de todo estadounidense?

_____
_____
_____
_____
_____
_____
_____

Cuaderno de práctica
Viajes lejanos

Nombre _____ Fecha _____

Elena

Instrucciones: En los ejercicios 1 al 18, rellena el círculo que está delante de la respuesta correcta. En los ejercicios 19 y 20, escribe la respuesta.

Vocabulario

1. El caballo cruzó el río despacio y siguió su camino a _____ .
   - Ⓐ desespero
   - Ⓑ vuelo
   - Ⓒ trote
   - Ⓓ nado

2. La fuerza de la tormenta hizo que la vieja muralla empezara a _____ .
   - Ⓐ desmoronarse
   - Ⓑ crecer
   - Ⓒ levantarse
   - Ⓓ desprenderse

3. Se alejó del pueblo en silencio, protegida por las _____ del anochecer.
   - Ⓐ penosidades
   - Ⓑ tardes
   - Ⓒ brillante
   - Ⓓ penumbras

4. Muchas personas lucharon por la libertad durante la _____ .
   - Ⓐ revolución
   - Ⓑ residencia
   - Ⓒ restauración
   - Ⓓ descanso

5. La _____ de la madre de Elena hizo que su viaje tuviera éxito.
   - Ⓐ deseo
   - Ⓑ dolor
   - Ⓒ retraso
   - Ⓓ determinación

6. El alcalde ofreció su _____ a las víctimas del incendio.
   - Ⓐ pésame
   - Ⓑ posibilidad
   - Ⓒ pregunta
   - Ⓓ llanto

Comprensión

7. Según la selección, una revolución comenzó en 1910 porque _____ .
   - Ⓐ les habían robado sus tierras a los campesinos
   - Ⓑ varios lugareños iban a Guadalajara con papá
   - Ⓒ papá cayó en un hoyo causado por las lluvias
   - Ⓓ papá se iba de viaje a Guadalajara

Cuaderno de práctica
Viajes lejanos

Nombre _____ Fecha _____

8. ¿Por qué el papá le pide a su esposa que abandone el pueblo con los niños?
   A Sabe que pancho Villa va a venir y los va a matar.
   B No cree que México sea un buen lugar para criar niños.
   C Predice la revolución y cree que estarán en peligro.
   D Piensa que pueden ganar más dinero en California.

9. Pancho Villa es llamado el Robin Hood de México porque _____ .
   A encabeza una revolución en México
   B quiere devolver las tierras a la gente
   C es un bandido y un ladrón
   D es un amigo de Porfirio Díaz

10. ¿Por qué se preocupa la mamá cuando no encuentra a su hijo en la casa?
    A Dejó un libro abierto sobre la cama.
    B Estaba en el techo de la casa.
    C Temía que lo obligaran a entrar al ejército.
    D Tiene mucho valor y determinación.

11. Ponen los caballos en la cocina _____ .
    A porque hace frío en las caballerizas
    B para que los soldados piensen que la familia se había ido
    C para que los soldados no se los roben
    D porque Esteban estaba en la cocina

12. Cuando se van de México, ¿por qué van a San Francisco?
    A El barrio está allí.
    B Allí viven muchos mexicanos.
    C Era un lugar famoso.
    D Su primo Trinidad los había invitado.

13. Después de San Francisco, la familia se mudó a _____ .
    A Los Ángeles
    B un pueblo mexicano
    C Santa Ana
    D El Paso

Cuaderno de práctica
Viajes lejanos

Nombre _____ Fecha _____

14. En esta selección, ¿cómo mantiene la madre a su familia?
  Ⓐ Trabaja de maestra.
  Ⓑ Abre un restaurante.
  Ⓒ Trabaja de encargada en una posada.
  Ⓓ Trabaja en una granja.

15. ¿Qué quiere decir la narradora del cuento cuando dice "me di cuenta de que para mí los estadounidenses ya no eran solamente 'ellos'"?
  Ⓐ La mamá y algunos de los niños volvieron a México.
  Ⓑ La escuela era divertida.
  Ⓒ A su madre le gustaba vivir en California.
  Ⓓ Comenzó a sentir que ya no eran extraños en el nuevo país.

16. ¿Cómo aprende cosas de su padre la narradora del cuento?
  Ⓐ lee sobre él en libros
  Ⓑ mira los sombreros que hizo
  Ⓒ a partir de las historias que su madre cuenta sobre él
  Ⓓ recuerda a su padre de hace muchos años atrás

17. Esta selección es más como _____ .
  Ⓐ un poema
  Ⓑ ficción realista
  Ⓒ ficción histórica
  Ⓓ una biografía

18. El tono de esta selección es _____ .
  Ⓐ de disculpa
  Ⓑ triste
  Ⓒ enojado
  Ⓓ valiente

Cuaderno de práctica
Viajes lejanos

Nombre _____ Fecha _____

19. ¿Por qué la madre les dice a sus hijos que su verdadero trabajo es recibir una educación?

_____
_____
_____
_____
_____
_____
_____
_____

20. ¿Qué dice la madre que hace pensar que no le importa tener que trabajar mucho?

_____
_____
_____
_____
_____
_____
_____
_____

Cuaderno de práctica
Viajes lejanos

Nombre _____ Fecha _____

Nunca te olvidaremos, Roberto Clemente

Instrucciones: En los ejercicios 1 al 18, rellena el círculo que está delante de la respuesta correcta. En los ejercicios 19 y 20, escribe la respuesta.

Vocabulario

1. Antonio es un _____ al volante: maneja con destreza y confianza.
   - Ⓐ audición
   - Ⓑ as
   - Ⓒ irregular
   - Ⓓ ausente

2. La _____ que está en el parque honra la memoria de un héroe local.
   - Ⓐ mesa
   - Ⓑ herradura
   - Ⓒ explicación
   - Ⓓ estatua

3. Juancho, nuestro mejor bateador, es el cuarto en el _____ del equipo.
   - Ⓐ alineamiento
   - Ⓑ error
   - Ⓒ jardín
   - Ⓓ pelotero

4. Después de la tragedia, muchas personas les enviaron _____ a las víctimas.
   - Ⓐ dulces
   - Ⓑ provisiones
   - Ⓒ recuerdos
   - Ⓓ pelotas

5. El piloto se comunicó por radio con la _____ y pidió permiso para aterrizar.
   - Ⓐ torre de control
   - Ⓑ estadio
   - Ⓒ marcador
   - Ⓓ potencial

6. Después de un grave accidente automovilístico, el hombre necesitó dos miembros _____ .
   - Ⓐ exagerados
   - Ⓑ ingenieros
   - Ⓒ autoridades
   - Ⓓ artificiales

Cuaderno de práctica
Viajes lejanos

Nombre _____ Fecha _____

Comprensión

7. En 1972, Roberto Clemente quería ser el onceavo jugador de las grandes ligas en _____ .
- Ⓐ anotar un jonrón
- Ⓑ entrar a las grandes ligas
- Ⓒ ser escogido para el Salón de la Fama
- Ⓓ anotar 3,000 *hits*

8. Clemente perdió muchos partidos durante la temporada de 1972 debido a que _____ .
- Ⓐ no se sentía bien o estaba lesionado
- Ⓑ ya no quería jugar más
- Ⓒ no tenía uniforme
- Ⓓ había perdido el interés en el béisbol

9. La gente pensaba que Clemente no llegaría los 3,000 *hits* en la temporada de 1972 porque _____ .
- Ⓐ nunca subía a batear
- Ⓑ quedaban pocos partidos antes de que terminara la temporada
- Ⓒ llovía casi todos los días
- Ⓓ no había aficionados echando porras

10. ¿Por qué sacaron a Clemente del alineamiento después de su *hit* 2,999?
- Ⓐ Todos querían que conectara su hit 3,000 delante de sus aficionados en casa.
- Ⓑ Estaba demasiado cansado para jugar el resto del partido.
- Ⓒ El árbitro lo expulsó del juego.
- Ⓓ No estaba bateando muy bien.

11. Los aficionados de los Piratas se sintieron engañados cuando _____ .
- Ⓐ Clemente dejó de jugar béisbol
- Ⓑ el otro equipo abucheó a Clemente
- Ⓒ el *hit* de Clemente fue declarado un error
- Ⓓ Clemente anotó su *hit* 3,000

Cuaderno de práctica
Viajes lejanos

12. Clemente anotó su *hit* 3,000 en un partido contra _____.

Ⓐ los Filis Ⓑ los Yanquis
Ⓒ los Piratas Ⓓ los Mets

13. ¿Qué catástrofe sucedió en Nicaragua en 1972?

Ⓐ Una inundación destruyó la ciudad más grande.
Ⓑ Un terremoto sacudió la ciudad más grande.
Ⓒ Un vendaval destruyó la ciudad más pequeña.
Ⓓ Un terremoto sacudió la ciudad más pequeña.

14. Según la selección, ¿cómo ayudó Clemente a un niño nicaragüense de 14 años?

Ⓐ Llevó al niño a un juego de los Piratas.
Ⓑ Ayudó al niño a conseguir piernas artificiales.
Ⓒ Ayudó al niño a mudarse a Puerto Rico.
Ⓓ Le dio al niño un bate autografiado.

15. ¿De qué manera fue el padre de Clemente un modelo para Roberto?

Ⓐ Su padre le enseñó a ayudar a las personas necesitadas.
Ⓑ Su padre le enseñó a batear lanzamientos rápidos.
Ⓒ Su padre lo hizo trabajar mucho.
Ⓓ Su padre lo mandó a las mejores escuelas.

16. Clemente ayudó a enviar provisiones a la gente en Nicaragua porque _____.

Ⓐ le pidieron que ayudara
Ⓑ no tenía nada que hacer en Estados Unidos
Ⓒ su padre le ordenó que lo hiciera
Ⓓ hubo una catástrofe y había gente que necesitaba ayuda

17. Esta selección se parece más a _____.

Ⓐ un artículo informativo
Ⓑ una biografía
Ⓒ un diario personal
Ⓓ un poema

Cuaderno de práctica
Viajes lejanos

Nombre _____ Fecha _____

18. El tono de la selección es _____ .
  Ⓐ de disculpa   Ⓑ enojado
  Ⓒ valiente   Ⓓ de admiración

19. ¿A dónde iba Roberto Clemente cuando murió? ¿Qué iba a hacer allá?
_____
_____
_____
_____
_____
_____
_____
_____

20. ¿Cómo te indica el título del cuento que la gente apreciaba a Roberto Clemente como persona?
_____
_____
_____
_____
_____
_____
_____
_____

Cuaderno de práctica
Viajes lejanos

Nombre _____ Fecha _____

Cuentos populares de Asia

Instrucciones: En los ejercicios 1 al 18, rellena el círculo que está delante de la respuesta correcta. En los ejercicios 19 y 20, escribe la respuesta.

Vocabulario

1. Cuando mi papá se fue de vacaciones, le _____ a mi hermano el cuidado de los animales de la granja.
   - Ⓐ burló
   - Ⓑ agotó
   - Ⓒ encomendó
   - Ⓓ determinó

2. Gracias al buen tiempo y a los esfuerzos del agricultor, la cosecha será _____ este año.
   - Ⓐ musgo
   - Ⓑ abundante
   - Ⓒ primera
   - Ⓓ llegada

3. El cartero nos acaba de _____ que el paquete llegará a su destino dentro de dos días.
   - Ⓐ asentar
   - Ⓑ decidir
   - Ⓒ asegurar
   - Ⓓ enviar

4. Cuando anochece en el campo, termina la _____ de trabajo.
   - Ⓐ salida
   - Ⓑ jornada
   - Ⓒ noche
   - Ⓓ jugada

5. Normalmente, el viento aquí sopla desde el Norte, pero hoy sopla desde el _____ .
   - Ⓐ poniente
   - Ⓑ pleno
   - Ⓒ poblado
   - Ⓓ deseo

6. El abogado leyó los detalles del contrato con mucha _____ .
   - Ⓐ discusión
   - Ⓑ verdad
   - Ⓒ dedicada
   - Ⓓ diligencia

Cuaderno de práctica
Viajes lejanos

Nombre _____ Fecha _____

Comprensión

7. Los cuentos de esta selección son cuentos populares porque _____ .
   - Ⓐ todos los cuentos son divertidos y enseñan una lección
   - Ⓑ los personajes son animales que actúan igual que las personas
   - Ⓒ todos los cuentos ocurren en lugares reales
   - Ⓓ todos los cuentos se narraron de manera oral antes de ser escritos

8. La mujer sabia le dice a Virtud que vaya al pueblo porque él _____ .
   - Ⓐ no tiene padres
   - Ⓑ quiere conocer su destino
   - Ⓒ odia estar aburrido
   - Ⓓ no es un buen agricultor

9. Cuando el capataz le dice a Virtud que a nadie le gustan los presuntuosos, Virtud _____ .
   - Ⓐ le pide disculpas y vuelve enseguida al final de la fila
   - Ⓑ dice que se llama Nabo
   - Ⓒ forma un motín con la gente del pueblo
   - Ⓓ responde que nadie es presuntuoso si puede hacer lo que dice

10. Virtud levanta un perol con cada mano. En este cuento, un perol es _____ .
    - Ⓐ un cuenco de arroz
    - Ⓑ una olla grande
    - Ⓒ un plato para servir
    - Ⓓ una jarra de agua

11. El emperador Jade le asignó a _____ la tarea de cuidar la Tierra.
    - Ⓐ la menor de sus hijas
    - Ⓑ la mayor de sus hijas
    - Ⓒ los cargadores del palanquín
    - Ⓓ Tay Vuong Mau

Cuaderno de práctica
Viajes lejanos

Nombre _____ Fecha _____

12. ¿Qué diferencias hay entre los cargadores del palanquín de invierno y los de verano?
  Ⓐ Los cargadores de invierno son jóvenes y fuertes; los de verano son viejos y están cansados.
  Ⓑ Los cargadores de verano llegan temprano al poniente; los de invierno llegan tarde.
  Ⓒ Los cargadores de invierno tienen barbas grises y los de verano son fuertes y musculosos.
  Ⓓ Hay un número diferente de cargadores para cada estación.

13. En la selección "Cómo la Luna se hizo de marfil", ¿por qué los humanos se cansan más cada día?
  Ⓐ Los cansa trabajar todo el día en el campo bajo el Sol.
  Ⓑ No podían dormir durante las noches calurosas e iluminadas.
  Ⓒ Los gallos dormían durante el día y cantaban por la noche.
  Ⓓ Los cargadores hacían mucho ruido al llevar a la Luna por el cielo.

14. El Sol descubre que los humanos _____ .
  Ⓐ son orgullosos y egoístas   Ⓑ necesitan tiempo para descansar
  Ⓒ están cansados y son perezosos   Ⓓ le tienen miedo a la oscuridad

15. Para resolver el problema de los humanos, Tay Vuong Mau _____ .
  Ⓐ le da a la Luna una vasija de cenizas para que se las ponga en la cara y en las ventanas
  Ⓑ le dice al Sol que no brille tanto
  Ⓒ le dice a la Luna que es fea y que debe cubrir su rostro
  Ⓓ escoge al Oso Celestial como vigilante

16. En la selección "¿Quién es el mejor?", ¿qué les pasa a los hombres el séptimo día?
  Ⓐ Terminan su trabajo y el hombre rico celebra una fiesta en su honor.
  Ⓑ Terminan su trabajo, pero nadie les lleva comida.
  Ⓒ No terminan su trabajo, pero celebran una fiesta.
  Ⓓ Observan al sirviente que esconde la comida.

17. Panya cree que la cualidad más importante que se puede tener es _____ .
  Ⓐ la sabiduría   Ⓑ la diligencia
  Ⓒ el mérito   Ⓓ el trabajo en equipo

Cuaderno de práctica
Viajes lejanos

Nombre _____ Fecha _____

18. ¿Qué encuentra Boon en su comida?

Ⓐ una hoja de plátano

Ⓑ un solo grano de arroz

Ⓒ el pago prometido

Ⓓ estofado de dragón

19. En el cuento "Virtud se va al pueblo", ¿por qué hacen falta veinte cocineros para alimentar a un solo trabajador?

_____
_____
_____
_____
_____
_____
_____
_____

20. ¿En qué se parece la lección que aprenden los hombres de "¿Quién es el mejor?" a la lección que aprende Virtud?

_____
_____
_____
_____
_____
_____
_____
_____

Cuaderno de práctica
Viajes lejanos

Nombre _____   Fecha _____

El sueño de Iditarod

Instrucciones: En los ejercicios 1 al 18, rellena el círculo que está delante de la respuesta correcta. En los ejercicios 19 y 20, escribe la respuesta.

Vocabulario

1. Visitamos la _____ de la campaña donde están almacenadas las banderolas, los distintivos y los objetos para regalos.
   - Ⓐ admisión
   - Ⓑ jefatura
   - Ⓒ planeta
   - Ⓓ patria

2. Cuando sortearon los números para la _____ de cada patinador en la competencia, a Katy le tocó el último.
   - Ⓐ felicitación
   - Ⓑ talento
   - Ⓒ deporte
   - Ⓓ posición

3. En el circo, los _____ tienen que tener muchos conocimientos sobre el cuidado de los animales.
   - Ⓐ cuenta
   - Ⓑ árbitros
   - Ⓒ deportes
   - Ⓓ entrenadores

4. El sedal de mi caña de pescar se cruzó con el de mi amigo y se formó un tremendo _____ .
   - Ⓐ interruptor
   - Ⓑ sabor
   - Ⓒ enredo
   - Ⓓ comentario

5. Los dos corredores llevaban un _____ rápido.
   - Ⓐ paso
   - Ⓑ choque
   - Ⓒ gasto
   - Ⓓ destino

Comprensión

6. ¿Cuántos equipos de perros participaron en la carrera del Iditarod Junior?
   - Ⓐ 1 equipo de perros
   - Ⓑ 15 equipos de perros
   - Ⓒ 3 equipos de perros
   - Ⓓ 16 equipos de perros

Cuaderno de práctica
Viajes lejanos

Nombre _____ Fecha _____

7. La posición número uno en la carrera del Iditarod Junior es
   - Ⓐ reservada para un auspiciador de la carrera de ese año
   - Ⓑ dada al ganador de la carrera del año anterior
   - Ⓒ la que le tocó a Andy Willis, el favorito de este año
   - Ⓓ reservada al ganador de Sendero, una carrera de trineos tirados por perros

8. ¿Por qué a Dusty le agrada que la temperatura esté bajo cero?
   - Ⓐ A Dusty le gusta correr en el frío.
   - Ⓑ Los perros no tendrán mucho frío.
   - Ⓒ El río congelado no se fundirá.
   - Ⓓ Los perros no se sobrecalentarán.

9. ¿Por qué le preocupa a Dusty el lugar donde comience la carrera?
   - Ⓐ El lago no está congelado sólidamente.
   - Ⓑ Hay muchos trineos motorizados y obstáculos de los que hay que cuidarse.
   - Ⓒ El lago está cubierto de nieve y hay poca visibilidad.
   - Ⓓ El lago está resbaloso y teme perder el control de su equipo.

10. De acuerdo con la selección, ¿qué tiene que llevar cada corredor en su trineo?
   - Ⓐ combustible para hacer fuego
   - Ⓑ sábanas
   - Ⓒ dos libras de comida por perro
   - Ⓓ un botiquín de primeros auxilios

11. ¿Por qué un enredo es la segunda peor pesadilla para un conductor de trineos?
   - Ⓐ Los perros se pueden lastimar o estrangularse.
   - Ⓑ Un enredo le hace perder tiempo al conductor del trineo.
   - Ⓒ Los perros pueden pelearse unos con otros.
   - Ⓓ Los perros se acobardan y no pueden ser controlados.

12. ¿Por qué Dusty perdió la carrera del año anterior?
   - Ⓐ Permitió que los perros se enredaran.
   - Ⓑ Le dio mucho descanso a sus perros en el lago Flathorn.
   - Ⓒ Se extravió en el lago Flathorn.
   - Ⓓ Se quedó mucho tiempo en la estación Yentna.

Cuaderno de práctica
Viajes lejanos

13. ¿Por qué Dusty sustituye a Annie como perra guía?
  Ⓐ Ella tiene muy poca experiencia.
  Ⓑ El reciente accidente con el trineo motorizado la ha puesto nerviosa.
  Ⓒ Jazz quiere ir a la cabeza con QT.
  Ⓓ Ella parece estar muy cansada.

14. ¿Por qué Dusty sale de Yentna a las tres y treinta de la madrugada?
  Ⓐ Su equipo ha descansado las diez horas reglamentarias.
  Ⓑ Se acerca una gran tormenta de nieve.
  Ⓒ Le gusta correr en la oscuridad.
  Ⓓ Tanto él como sus perros están descansados.

15. ¿Por qué Dusty ayuda a encender una fogata en Yentna?
  Ⓐ Dusty no está cansado.
  Ⓑ Dusty necesita calentarse.
  Ⓒ Las personas en el monte se ayudan entre sí.
  Ⓓ Los perros necesitan calentarse con el fuego.

16. ¿Qué rumor corre sobre Dusty?
  Ⓐ que no permaneció en Yentna durante diez horas
  Ⓑ que no siguió exactamente el curso de la carrera
  Ⓒ que no esforzó lo suficiente a sus perros
  Ⓓ que maltrató a sus perros

17. Esta selección es un recuento de cómo Dusty _____ .
  Ⓐ perdió la carrera del Iditarod Junior del año anterior
  Ⓑ entrena a su equipo de perros
  Ⓒ pierde la carrera del Iditarod Junior
  Ⓓ corre y gana la carrera del Iditarod Junior

18. Esta selección de no ficción se parece más a _____ .
  Ⓐ un cuento popular
  Ⓑ un diario personal
  Ⓒ un artículo informativo
  Ⓓ una entrevista

Cuaderno de práctica
Viajes lejanos

Nombre _____ Fecha _____

19. ¿Por qué Dusty tiene que levantarle las patas delanteras a los perros cuando los trae desde el camión?

_____
_____
_____
_____
_____
_____
_____
_____
_____

20. ¿Cómo saben todos que Dusty no ha maltratado a sus perros?

_____
_____
_____
_____
_____
_____
_____
_____
_____

Cuaderno de práctica
Viajes lejanos

Nombre _____ Fecha _____

Canción del bosque

Instrucciones: En los ejercicios 1 al 18, rellena el círculo que está delante de la respuesta correcta. En los ejercicios 19 y 20, escribe la respuesta.

Vocabulario

1. Al hacerse mayor, mi hermano comenzó a _____ más y más a mi padre, y la gente los confundía.
   - Ⓐ parecerse
   - Ⓑ preguntarse
   - Ⓒ padecer
   - Ⓓ pedirte

2. No pude levantar la caja porque pesaba mucho y era muy _____ .
   - Ⓐ revoltosa
   - Ⓑ voluntariosa
   - Ⓒ voluminosa
   - Ⓓ volteada

3. _____ a la secretaria anterior y contratamos a un chico con mucha menos experiencia en su lugar.
   - Ⓐ Ajusticiamos
   - Ⓑ Jubilamos
   - Ⓒ Juntamos
   - Ⓓ Desciframos

4. El ganadero le puso un _____ al caballo para que pudiera arrastrar el arado.
   - Ⓐ madero
   - Ⓑ arreo
   - Ⓒ mástil
   - Ⓓ masaje

5. Intenté _____ el pestillo de la puerta para abrir la puerta, pero estaba trabada.
   - Ⓐ brincar
   - Ⓑ desobedecer
   - Ⓒ desesperar
   - Ⓓ soltar

6. Mi amigo le pasó la pelota al defensa _____ , porque confiaba en sus habilidades para meter un gol.
   - Ⓐ reticentemente
   - Ⓑ nerviosamente
   - Ⓒ desinteresadamente
   - Ⓓ deliberadamente

7. Los caballos hacen ruidos fuertes cuando _____ .
   - Ⓐ sonríen
   - Ⓑ patean
   - Ⓒ resoplan
   - Ⓓ ladran

Cuaderno de práctica
Viajes lejanos

Nombre _____ Fecha _____

Comprensión

8. ¿Por qué escribe el autor sobre Storm?
- Ⓐ porque él y Storm viajaron mucho juntos
- Ⓑ porque quería demostrar que los perros les pueden enseñar muchas cosas a los hombres
- Ⓒ porque quería demostrar cuánto puede perjudicar un perro malo a los demás perros
- Ⓓ porque Storm fue su último perro

9. ¿Qué pensaba de Storm el autor del cuento?
- Ⓐ que tenía un aspecto simpático por sus orejas de oso
- Ⓑ que le gustaba, como todos los demás perros, y que podía aprender cosas de él
- Ⓒ que había aprendido muchas cosas de la vida de él, y que le inspiraba mucho respeto
- Ⓓ que era antipático y siempre le gastaba bromas

10. Cuando Storm se hizo demasiado viejo para tirar del trineo, _____ .
- Ⓐ preparó a los cachorros para que pudieran tirar del trineo
- Ⓑ comenzó a gastarle bromas a su amo
- Ⓒ se peleó con Fonzie
- Ⓓ corría junto al trineo

11. Cuando Storm se aburría de tanto tirar del trineo, _____ .
- Ⓐ se sentaba y se negaba a continuar
- Ⓑ le hacía cosquillas en la oreja al perro que iba a su lado
- Ⓒ le escondía las botas a su amo
- Ⓓ le mordía el arreo al perro que iba a su lado

12. ¿Qué pensaba el autor de las bromas que gastaba Storm?
- Ⓐ le enojaban
- Ⓑ le emocionaban
- Ⓒ le parecían divertidas
- Ⓓ le decepcionaban

13. El autor compara los ojos de Storm con _____.
   Ⓐ los de George Burns
   Ⓑ una estufa gigante
   Ⓒ una balanza
   Ⓓ una pesa muy grande

14. Cuando recorría grandes distancias, Storm _____.
   Ⓐ se cansaba fácilmente
   Ⓑ siempre quería ir delante
   Ⓒ le gruñía al trineo
   Ⓓ arrancaba una ramita de un árbol y se la llevaba

15. Si Storm no estaba contento con lo que el autor hacía con los perros, _____.
   Ⓐ ladraba muy fuerte
   Ⓑ se negaba a aceptar la rama
   Ⓒ mordía el palo
   Ⓓ le mordía la mano al autor

16. ¿Por qué se cansaron tanto los perros en el viaje para recoger la estufa?
   Ⓐ porque el trayecto era cuesta arriba
   Ⓑ porque la estufa estaba muy lejos
   Ⓒ porque el trayecto seguía las vías del ferrocarril
   Ⓓ porque tuvieron que abrir brecha

17. ¿Cuántas millas recorrieron juntos Storm y el autor?
   Ⓐ miles de millas
   Ⓑ millones de millas
   Ⓒ muchos cientos de millas
   Ⓓ unos cuantos cientos de millas

18. El autor consideraba que él y Storm formaban un equipo porque _____.
   Ⓐ Storm lo seguía a donde fuera
   Ⓑ Storm le gastaba bromas
   Ⓒ Storm era obediente
   Ⓓ Storm conocía al autor incluso mejor que su propia familia

Cuaderno de práctica
Viajes lejanos

Nombre _____ Fecha _____

19. Nombra tres cosas que Storm le escondió a su amo.

_____
_____
_____
_____
_____
_____
_____
_____
_____

20. ¿En qué se parecen "El sueño de Iditarod" y "Canción del bosque"? ¿En qué se diferencian?

_____
_____
_____
_____
_____
_____
_____
_____
_____
_____

Cuaderno de práctica
Viajes lejanos

Nombre _____ Fecha _____

La isla de los delfines azules

Instrucciones: En los ejercicios 1 al 18, rellena el círculo que está delante de la respuesta correcta. En los ejercicios 19 y 20, escribe la respuesta.

Vocabulario

1. El pavo real luce sus elegantes plumas; es el ave más _____ del zoológico.
   - Ⓐ hambrienta
   - Ⓑ precavida
   - Ⓒ presumida
   - Ⓓ severa

2. Los pescadores regresaron después de un duro día en alta mar sin haber pescado nada y con muestras de _____ .
   - Ⓐ malcriados
   - Ⓑ abatimiento
   - Ⓒ dignidad
   - Ⓓ peces

3. El oso preparó su _____ para el largo invierno.
   - Ⓐ guano
   - Ⓑ guadaña
   - Ⓒ guarida
   - Ⓓ guardabosques

4. Los _____, unos animales marinos, viven dentro de sus conchas.
   - Ⓐ abulones
   - Ⓑ musgos
   - Ⓒ leones
   - Ⓓ peces

5. La tripulación trató de anclar el barco antes de llegar al _____ .
   - Ⓐ supermercado
   - Ⓑ cabo
   - Ⓒ acantilado
   - Ⓓ fondo

6. El barco _____ demasiado con el oleaje, y el capitán comenzó a preocuparse.
   - Ⓐ cabeceaba
   - Ⓑ equilibraba
   - Ⓒ varaba
   - Ⓓ ondeaba

7. Tan divertidos como siempre, los delfines continuaban _____ a que los siguiéramos.
   - Ⓐ mencionándonos
   - Ⓑ bordo
   - Ⓒ obstaculizando
   - Ⓓ incitándonos

Cuaderno de práctica
Viajes lejanos

Nombre _____ Fecha _____

Comprensión

8. ¿Por qué les dice Nanko a todos que se den prisa?
   - Ⓐ El barco está a punto de marcharse.
   - Ⓑ Hay una tormenta.
   - Ⓒ Le molesta que las mujeres sean tan lentas.
   - Ⓓ Ve que se aproxima una tormenta.

9. ¿Por qué Ulape tiene más cajitas de pendientes que su hermana?
   - Ⓐ Tiene las orejas más grandes.
   - Ⓑ Es mayor.
   - Ⓒ Le gustan más los pendientes.
   - Ⓓ Es más presumida.

10. ¿Qué significa una marca con piedra blanda azul de una a otra mejilla en una mujer?
    - Ⓐ Está casada.
    - Ⓑ No tiene marido.
    - Ⓒ Está comprometida para casarse.
    - Ⓓ Ha fallecido un pariente suyo.

11. A Ramo se le olvida su _____ .
    - Ⓐ ropa
    - Ⓑ cuchillo
    - Ⓒ caña de pescar
    - Ⓓ venablo

12. ¿Quién narra el cuento?
    - Ⓐ Ramo
    - Ⓑ el Jefe Matasaip
    - Ⓒ Nanko
    - Ⓓ la hermana de Ramo

13. ¿Por qué se tira de cabeza al mar la narradora del cuento cuando el barco cambia de dirección, rumbo al Este?
    - Ⓐ Quiere darse un baño.
    - Ⓑ Quiere escapar de Nanko.
    - Ⓒ Se da cuenta de que el barco no va a regresar por Ramo.
    - Ⓓ Quiere recoger algas en la costa.

Cuaderno de práctica
Viajes lejanos

Nombre _____ Fecha _____

14. ¿Por qué abraza la narradora a Ramo, en lugar de castigarlo?
- Ⓐ porque está tan enojada con él que tiene miedo de hacerle daño
- Ⓑ porque decide castigarlo más adelante
- Ⓒ porque está tan feliz de verlo que se olvida de lo enojada que está con él
- Ⓓ porque está feliz de haber llegado a tierra firme sana y salva

15. ¿Por qué no encontraban comida en el poblado?
- Ⓐ Los habitantes del poblado se la habían llevado toda.
- Ⓑ Unos perros salvajes habían entrado en el poblado y se lo habían comido todo.
- Ⓒ La narradora había tenido que dejar todos los peroles de cocina para poder nadar hasta la costa.
- Ⓓ No sabían dónde estaba la comida.

16. ¿Qué hace Ramo para recompensar a la narradora por todos los problemas que le ha causado?
- Ⓐ Pesca para ella y le ayuda a tejer un cesto.
- Ⓑ Le hace unos nuevos tazones.
- Ⓒ La protege de los perros salvajes.
- Ⓓ Construye una nueva casa para los dos.

17. Los perros salvajes no atacan a Ramo y a su hermana porque _____ .
- Ⓐ les dan comida
- Ⓑ dejan encendida la fogata toda la noche
- Ⓒ los espantan
- Ⓓ juegan con ellos

18. ¿Por qué dice la narradora que el barco puede tardar mucho en regresar?
- Ⓐ Piensa que el barco regresará a recogerlos.
- Ⓑ Se aproxima otra tormenta.
- Ⓒ Los cazadores ya se han ido de la isla.
- Ⓓ No quiere que Ramo sepa que están solos.

Cuaderno de práctica
Viajes lejanos

Nombre _____ Fecha _____

19. ¿Qué piensa Ramo de que la narradora regresara a nado por él? Explica tu respuesta.

_____
_____
_____
_____
_____
_____
_____
_____
_____

20. ¿Qué piensa hacer Ramo para poder pescar más peces para comer?

_____
_____
_____
_____
_____
_____
_____
_____
_____
_____

Cuaderno de práctica
Viajes lejanos

Nombre _____   Fecha _____

Everglades

Instrucciones: En los ejercicios 1 al 18, rellena el círculo que está delante de la respuesta correcta. En los ejercicios 19 y 20, escribe la respuesta.

Vocabulario

1. La belleza visual del Everglades hace que parezca un _____ de colores.
   - Ⓐ cuarto
   - Ⓑ caballete
   - Ⓒ calidoscopio
   - Ⓓ microscopio

2. Una _____ de personas fue a ver la final del fútbol.
   - Ⓐ alineación
   - Ⓑ multitud
   - Ⓒ multiplicación
   - Ⓓ reunión

3. Los científicos miden las edades de las galaxias en _____ .
   - Ⓐ minutos
   - Ⓑ eones
   - Ⓒ luz
   - Ⓓ distancia

4. En nuestra casita junto al mar corre mucho la brisa porque está en una _____ que penetra en el agua.
   - Ⓐ península
   - Ⓑ laguna
   - Ⓒ granja
   - Ⓓ insulina

5. Florecerá una _____ de flores de azahar, llenando el aire de un aroma maravilloso.
   - Ⓐ plano
   - Ⓑ plenitud
   - Ⓒ vasija
   - Ⓓ raya

6. Las _____ adornaban el sendero que había junto a la ribera del río.
   - Ⓐ jotas
   - Ⓑ olas
   - Ⓒ juncias
   - Ⓓ maletas

Cuaderno de práctica
Viajes lejanos

Nombre _____ Fecha _____

Comprensión

7. La _____ es un tipo de roca que forman las conchas en el fondo del océano.
   - Ⓐ arenisca
   - Ⓑ arena
   - Ⓒ juncia
   - Ⓓ piedra caliza

8. Los caimanes pueden caminar sin hacerse daño entre las terribles lanzas de las juncias porque _____ .
   - Ⓐ tienen la piel muy dura
   - Ⓑ tienen unos largos colmillos con los que mastican las juncias
   - Ⓒ caminan entre las terribles lanzas de las juncias
   - Ⓓ se alimentan con las puntas de las lanzas

9. ¿Quiénes fueron los primeros seres humanos en llegar al Everglades?
   - Ⓐ los conquistadores españoles
   - Ⓑ los indios Seminole
   - Ⓒ los indios Creek
   - Ⓓ los Calusa

10. ¿Quiénes fueron los siguientes en poblar el Everglades?
    - Ⓐ los conquistadores españoles
    - Ⓑ los indios Seminole
    - Ⓒ los indios Creek
    - Ⓓ los Calusa

11. En esta selección, la autora describe el Everglades como "un calidoscopio de color y belleza" porque _____ .
    - Ⓐ en él viven muchos tipos de árboles, flores y animales
    - Ⓑ los cristales de un calidoscopio cambian constantemente de color
    - Ⓒ las orquídeas crecen junto a los árboles
    - Ⓓ los pájaros tienen tantos colores como las flores

12. Según la selección, las garzas reales casi se extinguieron porque _____ .
    - Ⓐ las mataron otros animales para comérselas
    - Ⓑ los indios utilizaban sus plumas como adorno
    - Ⓒ los cazadores vendían las plumas para decorar sombreros de señora
    - Ⓓ los inviernos se hicieron demasiado fríos para ellas

Cuaderno de práctica
Viajes lejanos

Nombre _____ Fecha _____

13. El estado de Florida es _____ .
   Ⓐ un triángulo
   Ⓑ un rectángulo alargado
   Ⓒ una isla con mucha vegetación
   Ⓓ una península

14. Cuando el lago Okeechobee se desbordó, _____ .
   Ⓐ inundó todo Miami
   Ⓑ formó un río
   Ⓒ formó unas cataratas
   Ⓓ los agujeros se llenaron de piedra caliza

15. Los conquistadores españoles se fueron de Florida porque _____ .
   Ⓐ era demasiado calurosa para ellos
   Ⓑ los caimanes los atacaban
   Ⓒ el terreno se parecía demasiado a una jungla
   Ⓓ los indios Creek los expulsaron

16. ¿Qué grupo de antiguos visitantes todavía vive en el Everglades?
   Ⓐ los conquistadores españoles
   Ⓑ los indios Seminole
   Ⓒ los indios Creek
   Ⓓ los Calusa

17. El comienzo de esta selección describe el Everglades _____ .
   Ⓐ de la actualidad
   Ⓑ de la Edad de las conchas de mar
   Ⓒ de la Edad de la exploración
   Ⓓ a principios del siglo veinte

18. Al final de la selección, los niños quieren regresar a casa pronto para _____ .
   Ⓐ cenar
   Ⓑ ver la televisión
   Ⓒ crecer y poder salvar el Everglades
   Ⓓ crecer y construir grandes ciudades

Cuaderno de práctica
Viajes lejanos

Nombre _____ Fecha _____

19. ¿Cuál es el cuento triste que escucharon los niños?
_____
_____
_____
_____
_____
_____
_____
_____

20. ¿Cuál es el cuento alegre que escucharon los niños?
_____
_____
_____
_____
_____
_____
_____
_____

Cuaderno de práctica
Viajes lejanos

Nombre _____ Fecha _____

Verano de fuego

Instrucciones: En los ejercicios 1 al 18, rellena el círculo que está delante de la respuesta correcta. En los ejercicios 19 y 20, escribe la respuesta.

Vocabulario

1. El _____ quemó doce hectáreas de bosque.
   - Ⓐ sismo
   - Ⓑ siniestro
   - Ⓒ territorio
   - Ⓓ terreno

2. La comida comenzó a _____ , y al final sólo nos quedaba un poco de pan y dos latas de frijoles.
   - Ⓐ menguar
   - Ⓑ calentarse
   - Ⓒ mojarse
   - Ⓓ fallar

3. Los campistas asaron unos pimientos con las _____ de la hoguera.
   - Ⓐ aguas
   - Ⓑ horas
   - Ⓒ pañuelos
   - Ⓓ brasas

4. Es _____ de la escuela que los estudiantes no deben mascar chicle en clase.
   - Ⓐ ayuda
   - Ⓑ política
   - Ⓒ obligación
   - Ⓓ limpieza

5. Los turistas quedaron maravillados al ver el chorro de agua caliente y vapor que salía del _____ .
   - Ⓐ géiser
   - Ⓑ escape
   - Ⓒ cabo
   - Ⓓ mar

6. Nos equivocamos de camino al llegar a la _____ .
   - Ⓐ duda
   - Ⓑ prisa
   - Ⓒ rama
   - Ⓓ bifurcación

7. Los árboles altos forman una _____ con sus hojas en el bosque.
   - Ⓐ galería
   - Ⓑ bóveda
   - Ⓒ explanada
   - Ⓓ altura

Cuaderno de práctica
Viajes lejanos

Nombre _____ Fecha _____

Comprensión

8. ¿Cómo suelen ser los veranos en Yellowstone?
- Ⓐ breves y secos
- Ⓑ breves y lluviosos
- Ⓒ largos y secos
- Ⓓ largos y lluviosos

9. ¿Cuál era la política habitual de Yellowstone con respecto a los incendios forestales?
- Ⓐ apagar sólo los incendios que se producen en zonas muy pobladas y que son provocados por el hombre
- Ⓑ apagar sólo los incendios forestales
- Ⓒ no intervenir en los incendios forestales, a menos que amenacen vidas o propiedades
- Ⓓ apagar todos los incendios

10. El número de impactos de relámpagos en 1988 en Yellowstone fue _____ .
- Ⓐ la mitad de la cantidad habitual
- Ⓑ más o menos igual que siempre
- Ⓒ el doble de la cantidad habitual
- Ⓓ el triple de la cantidad habitual

11. Los frentes fríos dificultaban la extinción de los incendios porque _____ .
- Ⓐ alimentaban el fuego con el oxígeno que traían
- Ⓑ venían seguidos de huracanes
- Ⓒ la lluvia aumenta la cantidad de humo
- Ⓓ hacen pasar frío a los bomberos

12. "Las cortinas de fuego avanzaban a saltos". En esta selección, *cortinas* quiere decir _____ .
- Ⓐ trozos grandes de papel
- Ⓑ capas o superficies grandes y continuas
- Ⓒ trozos de tela que se colocan en las ventanas
- Ⓓ sartenes planas de metal que se utilizan en los restaurantes

13. ¿Cuántos acres de bosque ardieron el Sábado Negro?
- Ⓐ menos de 150 acres
- Ⓑ menos de 1,500 acres
- Ⓒ más de 150,000 acres
- Ⓓ más de 1 millón de acres

Cuaderno de práctica
Viajes lejanos

Nombre _____   Fecha _____

14. ¿Cuál fue la causa de los incendios de Yellowstone del verano de 1988?

Ⓐ la naturaleza

Ⓑ un descuido humano

Ⓒ las políticas del parque

Ⓓ la mala calidad del material utilizado en la extinción

15. Antes de que los bomberos en el Viejo Fiel vieran las llamas del incendio de North Fork, _____ .

Ⓐ vieron también copos de nieve

Ⓑ las oyeron

Ⓒ notaron que bajaba la temperatura

Ⓓ vieron rocas explotando

16. Los edificios que rodean al Viejo Fiel no ardieron porque _____ .

Ⓐ los rociaron con unos compuestos químicos desde unos helicópteros

Ⓑ los bomberos los mojaron con agua

Ⓒ el viento hizo que el incendio se propagara en otra dirección

Ⓓ finalmente comenzó a llover

17. ¿Cuál de las siguientes oraciones es cierta?

Ⓐ La mayor parte de Yellowstone quedó destruida por el incendio.

Ⓑ El fuego destruyó los géiseres y los manantiales de aguas termales de Yellowstone.

Ⓒ Algunos edificios de Yellostone se quemaron.

Ⓓ Yellowstone necesita el fuego para renovar la vegetación.

18. ¿Qué parte de Yellostone quedó calcinada por las llamas?

Ⓐ un tercio

Ⓑ un quinto

Ⓒ la mitad

Ⓓ dos tercios

Cuaderno de práctica
Viajes lejanos

Nombre _____ Fecha _____

19. ¿Cuándo se apagaron finalmente los incendios en Yellowstone?

_____
_____
_____
_____
_____
_____
_____
_____

20. Explica por qué la autora piensa que Yellowstone necesita el fuego tanto como el Sol y la lluvia.

_____
_____
_____
_____
_____
_____
_____
_____
_____

Cuaderno de práctica
Viajes lejanos

Nombre _____ Fecha _____

Los océanos

Instrucciones: En los ejercicios 1 al 18, rellena el círculo que está delante de la respuesta correcta. En los ejercicios 19 y 20, escribe la respuesta.

Vocabulario

1. El agua que pasaba sobre las paletas del molino _____ la energía.
   - Ⓐ originó
   - Ⓑ escondió
   - Ⓒ consumió
   - Ⓓ aplastó

2. La marea alta _____ conchas y pequeños animales marinos sobre la playa.
   - Ⓐ consume
   - Ⓑ vuelca
   - Ⓒ dibuja
   - Ⓓ estudia

3. El enorme buque no pudo entrar a la _____ porque ésta no tenía suficiente profundidad.
   - Ⓐ cresta
   - Ⓑ isla
   - Ⓒ península
   - Ⓓ ensenada

4. Las mareas se producen por las atracciones _____ del Sol y de la Luna.
   - Ⓐ protuberancias
   - Ⓑ exageradas
   - Ⓒ gravitacionales
   - Ⓓ generalizadas

5. Mamá tuvo que comprar una nueva llanta porque la vieja tenía una _____.
   - Ⓐ vuelca
   - Ⓑ protuberancia
   - Ⓒ tuerca
   - Ⓓ zanja

6. La cresta es la parte _____ de la ola, generalmente cubierta de espuma.
   - Ⓐ superior
   - Ⓑ plana
   - Ⓒ honda
   - Ⓓ inferior

Comprensión

7. Esta selección se parece más a _____.
   - Ⓐ una biografía
   - Ⓑ un libro de ciencia ficción
   - Ⓒ una anécdota
   - Ⓓ un libro de ciencias

Cuaderno de práctica
Viajes lejanos

Nombre _____ Fecha _____

8. La mayoría de las costas tienen dos mareas altas y dos mareas bajas al día porque _____ .
  Ⓐ el Sol y la Luna ejercen su atracción gravitacional en ángulo recto
  Ⓑ hay dos protuberancias de la marea
  Ⓒ las mareas muertas y vivas desaparecen
  Ⓓ la atracción gravitacional de la Luna es más fuerte que la del Sol

9. La Tierra se distingue de otros planetas en que _____ .
  Ⓐ no posee agua, y los otros planetas sí
  Ⓑ es el único planeta que posee agua líquida en la superficie
  Ⓒ su forma es diferente de la de los otros planetas
  Ⓓ no hay vida humana en ella, mientras que en los demás planetas sí

10. Las mareas se producen por la atracción gravitacional de _____ .
  Ⓐ los océanos y la tierra firme   Ⓑ los planetas y las estrellas
  Ⓒ las islas y las rocas   Ⓓ el Sol y la Luna

11. ¿En qué se diferencian las mareas vivas de las mareas muertas?
  Ⓐ Las mareas vivas son de menor tamaño que las muertas.
  Ⓑ No existe ninguna diferencia.
  Ⓒ Las mareas vivas son de mayor tamaño que las muertas.
  Ⓓ Sólo las mareas vivas son causadas por el Sol.

12. Un tsunami es muy peligroso porque _____ .
  Ⓐ se desplaza muy lentamente
  Ⓑ va acompañado de vientos muy potentes
  Ⓒ tiene muy poca altura
  Ⓓ puede atacar con una fuerza enorme

13. Según la selección, el alcance de la ola es _____ .
  Ⓐ su longitud
  Ⓑ su altura
  Ⓒ la distancia que recorre
  Ⓓ la velocidad del viento sobre la ola

Cuaderno de práctica
Viajes lejanos

Nombre _____ Fecha _____

14. Si estuvieras nadando en medio del océano, _____ .
   Ⓐ verías todo tipo de olas.
   Ⓑ no verías ninguna ola.
   Ⓒ sólo verías olas enormes.
   Ⓓ verías las olas moverse en la misma dirección.

15. El autor utiliza el ejemplo de la ramita en el océano para mostrar que _____ .
   Ⓐ las ramitas flotan
   Ⓑ las olas mueven todo lo que encuentran a su paso
   Ⓒ el agua no avanza junto con la ola
   Ⓓ las olas pueden ser muy poderosas

16. La altura de la ola más grande que se ha registrado fue igual a la de _____ .
   Ⓐ una casa de dos pisos
   Ⓑ un edificio de diez pisos
   Ⓒ un jugador de básquetbol de la NBA
   Ⓓ un rascacielos

17. En la selección, la oración *la ola empieza a tocar el fondo* significa que _____ .
   Ⓐ la ola se encuentra en la parte más profunda del océano
   Ⓑ la ola se está moviendo tan rápidamente como puede
   Ⓒ la ola golpea constantemente el fondo del océano
   Ⓓ la ola se desplaza más lentamente y cambia de forma

18. La ola rompe cuando disminuye su velocidad y _____ .
   Ⓐ se vuelca contra el seno de la ola de enfrente
   Ⓑ luego aumenta de velocidad nuevamente
   Ⓒ llega a ser muy pequeña en una playa arenosa
   Ⓓ se encuentra en aguas profundas

Cuaderno de práctica
Viajes lejanos

Nombre _____ Fecha _____

19. Los barcos no deben navegar durante las tormentas fuertes porque
_____
_____
_____
_____
_____
_____
_____
_____

20. ¿Qué pruebas existen de que el mar altera las formaciones terrestres?
_____
_____
_____
_____
_____
_____
_____
_____
_____

Cuaderno de práctica
Viajes lejanos

Nombre _____ Fecha _____

Las estrellas

Instrucciones: En los ejercicios 1 al 18, rellena el círculo que está delante de la respuesta correcta. En los ejercicios 19 y 20, escribe la respuesta.

Vocabulario

1. Hoy en día, la vida es tan rápida que a menudo no hay tiempo para la _____ del cielo.
   - Ⓐ intrínseco
   - Ⓑ núcleo
   - Ⓒ acarreando
   - Ⓓ contemplación

2. El estudio de las constelaciones es un deber _____ de los estudiantes de astronomía.
   - Ⓐ incandescente
   - Ⓑ intrínseco
   - Ⓒ contemplación
   - Ⓓ acarreando

3. La espada se puso _____ en el fuego.
   - Ⓐ condensó
   - Ⓑ núcleo
   - Ⓒ incandescente
   - Ⓓ intrínseco

4. Es difícil estudiar el centro de la Tierra, porque se necesitan instrumentos especializados para sacar información del _____ .
   - Ⓐ núcleo
   - Ⓑ intrínseco
   - Ⓒ contemplación
   - Ⓓ condensó

5. Una nube de gas y polvo se _____ para formar el Sol.
   - Ⓐ acarreando
   - Ⓑ incandescente
   - Ⓒ condensó
   - Ⓓ núcleo

6. Los cometas se mueven por el espacio _____ distintos materiales.
   - Ⓐ acarreando
   - Ⓑ intrínseco
   - Ⓒ condensando
   - Ⓓ núcleo

Cuaderno de práctica
Viajes lejanos

Comprensión

7. Para nuestros antepasados la observación del cielo _____ .
   Ⓐ no era necesaria
   Ⓑ era difícil a causa de la contaminación
   Ⓒ tomaba demasiado tiempo
   Ⓓ era necesaria para muchas actividades importantes

8. Hoy en día, _____ .
   Ⓐ el cielo nos es tan importante como antes
   Ⓑ los granjeros usan los astros para saber cuándo sembrar y recolectar
   Ⓒ muchas personas no toman el tiempo para contemplar el cielo
   Ⓓ el cielo se usa para decidir cuándo es bueno mudarse

9. De acuerdo con el autor, es _____ que la astronomía tenga su origen en la Prehistoria.
   Ⓐ seguro   Ⓑ probable
   Ⓒ posible   Ⓓ imposible

10. Los nombres de los astros que usamos actualmente provienen de _____ .
   Ⓐ las leyendas celtas   Ⓑ los discípulos de Sófocles
   Ⓒ los romanos   Ⓓ Babilonia

11. Los romanos basaron los nombres que le dieron a los astros en _____ .
   Ⓐ los registros escritos   Ⓑ los nombres griegos
   Ⓒ las construcciones prehistóricas   Ⓓ el brillo de las estrellas

12. Casi todas las estrellas _____ .
   Ⓐ salen en las noches cuando no hay nubes
   Ⓑ giran de Oriente a Poniente
   Ⓒ cambian de posición a medida que pasan los años
   Ⓓ solo aparentan girar pero siempre mantienen su posición relativa fija

Cuaderno de práctica
Viajes lejanos

Nombre _____ Fecha _____

13. Algunas estrellas sí se mueven y éstas se conocen como
- Ⓐ planetas
- Ⓑ constelaciones
- Ⓒ cometas
- Ⓓ asteroides

14. Nuestro Sistema Solar consiste de _____ .
- Ⓐ solamente el Sol y la Luna
- Ⓑ el Sol y todos los astros que giran alrededor de éste
- Ⓒ solamente el Sol y la Tierra
- Ⓓ solamente los planetas

15. Los colores de las estrellas se basan en _____ .
- Ⓐ sus posiciones relativas
- Ⓑ su temperatura
- Ⓒ su luminosidad
- Ⓓ sus gases

16. El brillo que vemos de una estrella depende de _____ .
- Ⓐ la distancia a la que está de nosotros
- Ⓑ su tamaño
- Ⓒ su magnitud
- Ⓓ la densidad del material que la compone

17. Una porción de gas y polvo que quedó girando alrededor del Sol _____ .
- Ⓐ formó la Tierra
- Ⓑ formó una constelación
- Ⓒ decide su luminosidad
- Ⓓ causará su "muerte"

18. Los nombres de los planetas: Mercurio, Venus, Marte, Júpiter y Saturno, son nombres _____ .
- Ⓐ aztecas
- Ⓑ egipcios
- Ⓒ griegos
- Ⓓ romanos

Cuaderno de práctica
Viajes lejanos

Nombre _____ Fecha _____

19. En pocas palabras, describe cómo se cree que "nace" una estrella.

_____
_____
_____
_____
_____
_____
_____
_____

20. ¿Qué reacción te produce leer el último párrafo?

_____
_____
_____
_____
_____
_____
_____
_____
_____

Nombre _____ Fecha _____

El caso de los tripulantes del objeto volador

Instrucciones: En los ejercicios 1 al 18, rellena el círculo que está delante de la respuesta correcta. En los ejercicios 19 y 20, escribe la respuesta.

Vocabulario

1. Mi amiga, quien es una buena _____, hizo uno de mis cuentos favoritos.
   - Ⓐ traductora
   - Ⓑ determinación
   - Ⓒ transportadora
   - Ⓓ decoradora

2. El presentador nuevo tiene ojos negros y _____ que parecen mirarte por dentro cuando habla.
   - Ⓐ penetrantes
   - Ⓑ multitud
   - Ⓒ caminantes
   - Ⓓ hablantes

3. El autor salió en la televisión y habló de su libro nuevo porque quería obtener _____ .
   - Ⓐ público
   - Ⓑ publicidad
   - Ⓒ recuerdo
   - Ⓓ agitación

4. El año que viene, voy a asistir a dos cursos _____, uno de ciencias y uno de español.
   - Ⓐ energía
   - Ⓑ avanzados
   - Ⓒ errores
   - Ⓓ cenizas

5. ¿Qué _____ de la casa nueva te gustan más?
   - Ⓐ rasgos
   - Ⓑ estudiantes
   - Ⓒ desgastes
   - Ⓓ extraños

Comprensión

6. A Einstein le gusta usar palabras fuera del orden correcto, pero los demás creen que este hábito es _____ .
   - Ⓐ gracioso
   - Ⓑ confuso
   - Ⓒ molesto
   - Ⓓ sincero

Cuaderno de práctica
Viajes lejanos

Nombre _____ Fecha _____

7. Einstein no es su nombre verdadero porque _____ .
 Ⓐ su madre lo llama Adam
 Ⓑ su hermano es Dennis
 Ⓒ se cree que es inteligente
 Ⓓ es el nombre de su hermano

8. ¿Por qué la señora Anderson invita al señor Janus a cenar?
 Ⓐ Quiere que su familia lo conozca.
 Ⓑ Quiere comprar su maquina de traducción.
 Ⓒ Está recién llegado al pueblo y no conoce a nadie.
 Ⓓ Ella va a entrevistarlo y quiere que Einstein revise su historia.

9. En esta selección, ¿qué pruebas te hacen creer que es posible que la señora Anderson no se cree el cuento del señor Janus?
 Ⓐ El señor Janus parece muy sincero.
 Ⓑ Ella no cree en los objetos voladores.
 Ⓒ Ella quiere la opinión de Einstein acerca de la aventura del señor Janus.
 Ⓓ Ella ha estado en la estación de base y no se encontró con el señor Janus.

10. Según el señor Janus, no fue difícil subir la colina en la Luna porque _____ .
 Ⓐ la colina era pequeña
 Ⓑ la gravedad en la Luna es alta
 Ⓒ la gravedad en la Luna es baja
 Ⓓ había una brisa agradable

11. Un aspecto de la Luna que la hace diferente de la Tierra es que la Luna _____ .
 Ⓐ es mas caliente que la Tierra
 Ⓑ no tiene atmósfera
 Ⓒ es mas fría que la Tierra
 Ⓓ tiene mucho polvo y rocas

Cuaderno de práctica
Viajes lejanos

12. ¿Por qué los tripulantes del objeto volador están destruyendo su base?
- Ⓐ Los tripulantes piensan agrandar la base.
- Ⓑ Los tripulantes creían que la gente de la Tierra estaba demasiado avanzada para mudarse allí.
- Ⓒ La gente de la Tierra no está suficientemente avanzada para pertenecer a la Federación de Seres Inteligentes de la Galaxia.
- Ⓓ Los habitantes de la Tierra ya pertenecían a la Federación de Seres Inteligentes de la Galaxia

13. En esta selección, las palabras *ciencia ficción* se refieren a una _____ gorda.
- Ⓐ hamburguesa
- Ⓑ historia de ficción
- Ⓒ mentira
- Ⓓ revista científica

14. Para que las ondas sonoras viajen y se escuchen, se necesita _____ .
- Ⓐ tierra
- Ⓑ luz del sol
- Ⓒ agua
- Ⓓ aire

15. Según esta selección, a los cien grados Celsius, el agua _____ .
- Ⓐ comenzará a hervir
- Ⓑ estará tibia
- Ⓒ estará a la temperatura del ambiente
- Ⓓ se convertirá en hielo

16. La mayor parte del tiempo, esta selección tiene lugar en _____ .
- Ⓐ una casa moderna
- Ⓑ el despacho de un periódico
- Ⓒ la Luna
- Ⓓ el objeto volador

17. Esta selección es un misterio porque _____ .
- Ⓐ da instrucciones para hacer algo
- Ⓑ cuenta una historia verdadera acerca de la vida de una persona
- Ⓒ el enfoque de la acción es la solución de un misterio
- Ⓓ soluciona un rompecabezas de palabras

Cuaderno de práctica
Viajes lejanos

Nombre _____ Fecha _____

18. ¿Qué cree Einstein que será en dos años?

Ⓐ un detective muy importante

Ⓑ un joven de catorce años

Ⓒ un entrevistador

Ⓓ uno de los tripulantes del objeto volador

19. ¿Cómo describe el señor Janus a los tripulantes del objeto volador?

_____
_____
_____
_____
_____
_____
_____
_____

20. ¿Por qué crees que los tripulantes del objeto volador no habían pensado hacerle daño al señor Janus?

_____
_____
_____
_____
_____
_____
_____
_____
_____

Cuaderno de práctica
Viajes lejanos

Nombre _____ Fecha _____

La caja de cumpleaños de Hattie

Instrucciones: En los ejercicios 1 al 18, rellena el círculo que está delante de la respuesta correcta. En los ejercicios 19 y 20, escribe la respuesta.

Vocabulario

1. El acusado comenzó a leer la carta del juez _____ .
   - Ⓐ fugazmente
   - Ⓑ nerviosamente
   - Ⓒ descuidadamente
   - Ⓓ fundamentalmente

2. _____ , el vigilante comunicó la noticia del robo a sus superiores.
   - Ⓐ Abarrotado
   - Ⓑ Destapado
   - Ⓒ Angustiado
   - Ⓓ Divertido

3. Colocamos los vasos junto a la _____ , y dejamos todo listo para la fiesta de cumpleaños.
   - Ⓐ pantera
   - Ⓑ liebre
   - Ⓒ ponchera
   - Ⓓ montaña

4. Cuando salimos de excursión, llevamos suficientes _____ de comida para todos.
   - Ⓐ raciones
   - Ⓑ naciones
   - Ⓒ opciones
   - Ⓓ inversiones

5. Es _____ que tendremos que cruzar este río si queremos llegar a la ciudad.
   - Ⓐ impresionante
   - Ⓑ envidiable
   - Ⓒ inmutable
   - Ⓓ innegable

6. El _____ de la carreta chirriaba cuando los caballos se movían.
   - Ⓐ tropiezo
   - Ⓑ paso
   - Ⓒ sillín
   - Ⓓ apuro

7. Adriana ya no se siente tan _____ , ahora que le han ofrecido otros trabajos.
   - Ⓐ desesperada
   - Ⓑ desentendida
   - Ⓒ desinteresada
   - Ⓓ destituida

Cuaderno de práctica
Viajes lejanos

Nombre _____ Fecha _____

Comprensión

8. ¿A qué se debe la reunión de toda la familia?
- Ⓐ a que quieren esperar todos juntos a la tía Hattie
- Ⓑ a que van todos juntos de visita a la residencia de ancianos
- Ⓒ a que el abuelo McClintic cumple 100 años
- Ⓓ a que quieren contar el número total de parientes de la familia McClintic

9. Los familiares pueden acudir desde todas partes, por lejos que estén, por todos los motivos siguientes, **excepto** que _____ .
- Ⓐ las raciones son cosa del pasado
- Ⓑ la guerra ha terminado
- Ⓒ casi todos han regresado a casa de la guerra
- Ⓓ la residencia de ancianos queda cerca de donde todos viven

10. Todas éstas son muestras de que el abuelo está nervioso, **excepto** que _____ .
- Ⓐ se sienta en su silla junto a la ventana
- Ⓑ empieza a jugar con las manos
- Ⓒ le pregunta a Ana varias veces quién va a venir
- Ⓓ resbala los pies nerviosamente

11. ¿Por qué se sentía angustiado el abuelo la noche antes de que Hattie se fuera a Nebraska?
- Ⓐ Hattie sólo tenía dieciséis años.
- Ⓑ Hattie estaba recién casada.
- Ⓒ Celebraban una fiesta para Hattie que era a la vez de despedida y de cumpleaños.
- Ⓓ No tenía nada que poner en la caja de madera que le había hecho.

12. ¿Por qué se inventa el abuelo la historia de la caja?
- Ⓐ porque no quiere decirle a Hattie que no tiene ningún regalo para ella
- Ⓑ porque quiere demostrarle lo bien que sabe hacer cosas con madera
- Ⓒ porque no quiere que le moleste mucho que el regalo sea hecho a mano
- Ⓓ porque quiere demostrar qué bien se inventa historias

Cuaderno de práctica
Viajes lejanos

Nombre _____ Fecha _____

13. ¿Por qué está nervioso el abuelo ante la llegada de Hattie?
  Ⓐ porque ha cumplido 100 años
  Ⓑ porque piensa que Hattie está enojada con él
  Ⓒ porque ha acudido toda su familia
  Ⓓ porque adora a su hermana

14. ¿Por qué no compra nunca nada el abuelo para poner en la caja de cumpleaños de Hattie?
  Ⓐ Nunca tiene dinero.
  Ⓑ Hattie vive muy lejos, en Nebraska.
  Ⓒ Hattie ya no necesita más regalos.
  Ⓓ El tiempo pasa y nunca encuentra tiempo para hacerlo.

15. Hattie dice: "Oh, Spencer, Spencer. Ha pasado tanto tiempo". ¿Qué quiere decir?
  Ⓐ Setenta y cuatro años son mucho tiempo.
  Ⓑ Nebraska está muy lejos.
  Ⓒ Quiere saber por qué su hermano jamás fue a visitarla.
  Ⓓ Han estado separados demasiado tiempo.

16. ¿Qué lección aprendió Hattie el primer invierno, cuando se quedaron sin comida?
  Ⓐ a dejar que los demás la ayudaran
  Ⓑ a dejar que Otto siguiera manteniendo su orgullo
  Ⓒ a guardar siempre comida de sobra en la despensa
  Ⓓ a ser orgullosa

17. ¿Por qué abre finalmente la caja Hattie?
  Ⓐ Sus hijos están muriéndose de hambre.
  Ⓑ Tiene que vender algo.
  Ⓒ Quiere usar lo que contiene la caja para rendir homenaje a Spencer.
  Ⓓ Su marido necesita una carreta para desplazarse por Nebraska.

18. ¿Cuál es la mejor definición de Hattie?
  Ⓐ esperanzada   Ⓑ irritable
  Ⓒ orgullosa   Ⓓ servicial

Cuaderno de práctica
Viajes lejanos

Nombre _____ Fecha _____

19. La nieta dice que huele en la caja de Hattie "el tesón de un joven agricultor, la pena de una madre y la esperanza que nunca muere". Indica un evento de la vida de Hattie que concuerde con cada una de estas descripciones.

_____
_____
_____
_____
_____
_____
_____
_____
_____

20. ¿Por qué es esa caja vacía el mejor regalo que jamás le han hecho a Hattie?

_____
_____
_____
_____
_____
_____
_____
_____
_____

Cuaderno de práctica
Viajes lejanos

Nombre _____ Fecha _____

William Shakespeare y El Globo

Instrucciones: En los ejercicios 1 al 18, rellena el círculo que está delante de la respuesta correcta. En los ejercicios 19 y 20, escribe la respuesta.

Vocabulario

1. Como el puente estaba cerrado y los carros no podían cruzar el río, el tráfico estaba más _____ que de costumbre.
   - Ⓐ apretado
   - Ⓑ congestionado
   - Ⓒ dedicado
   - Ⓓ asegurado

2. Los carpinteros querían salvar las vigas de la vieja granja así que _____ la granja con cuidado.
   - Ⓐ mantuvieron
   - Ⓑ rompieron
   - Ⓒ desmantelaron
   - Ⓓ descompusieron

3. El maestro de música fue muy _____ al criticar al violinista principiante.
   - Ⓐ activo
   - Ⓑ profuso
   - Ⓒ artificial
   - Ⓓ severo

4. Muchos artistas han recibido ayuda económica de esta _____ .
   - Ⓐ patrona
   - Ⓑ población
   - Ⓒ narradora
   - Ⓓ generosa

5. Cada _____ pagó $1,000 para comprar una parte de la nueva empresa.
   - Ⓐ patrona
   - Ⓑ colono
   - Ⓒ accionista
   - Ⓓ encargado

6. En las obras de teatro actuales, los atuendos son _____ y muy elegantes.
   - Ⓐ severos
   - Ⓑ fastuosos
   - Ⓒ diseños
   - Ⓓ presumidos

7. La _____ de la corona y el atuendo real hacían fácil saber qué actor era el rey.
   - Ⓐ diligencia
   - Ⓑ correspondencia
   - Ⓒ fachada
   - Ⓓ ornamentación

Cuaderno de práctica
Viajes lejanos

Comprensión

8. Shakespeare, un gran narrador, escribió principalmente _____.
 Ⓐ novelas
 Ⓑ óperas
 Ⓒ obras de teatro
 Ⓓ cuentos infantiles

9. En esta selección, El Globo es _____.
 Ⓐ un teatro
 Ⓑ un atlas mundial
 Ⓒ un puente
 Ⓓ una residencia de verano

10. Los hijos de James Burbage llamaron a su nuevo teatro _____.
 Ⓐ El Támesis
 Ⓑ El Globo
 Ⓒ El Escenario
 Ⓓ El Puente

11. ¿Quién reinaba en Inglaterra en la época de Shakespeare?
 Ⓐ Victoria y James I
 Ⓑ Elizabeth y James I
 Ⓒ Enrique VIII
 Ⓓ Elizabeth II y el príncipe Charles

12. Según esta selección, Shakespeare prosperó _____.
 Ⓐ porque a los reyes les gustaban sus obras de teatro
 Ⓑ porque con El Globo ganó mucho dinero
 Ⓒ gracias a sus obras y a que era accionista de El Globo
 Ⓓ porque tenía varios patrones muy ricos

Cuaderno de práctica
Viajes lejanos

Nombre _____ Fecha _____

13. El Globo, en esa época, era un teatro diferente a los otros porque _____ .

- Ⓐ fue construido antes que otros teatros
- Ⓑ sólo la nobleza podía asistir a las obras
- Ⓒ tenía escenarios ricamente adornados y efectos especiales
- Ⓓ costaba más ver una obra en El Globo

14. Los teatros de la época de Shakespeare se diferenciaban de los actuales en que _____ .

- Ⓐ el público comía, bebía y hablaba durante las representaciones
- Ⓑ no se respetaba a los actores
- Ⓒ el público se enfermaba
- Ⓓ sólo la nobleza acudía al teatro

15. El duque de Southampton se convirtió en patrón de Shakespeare porque _____ .

- Ⓐ el duque era un joven noble
- Ⓑ Shakespeare le dedicó un edificio
- Ⓒ Shakespeare le dedicó dos poemas
- Ⓓ el duque pensaba que Shakespeare era un actor muy bueno

16. En la época de la reina Elizabeth I, los efectos especiales en los teatros los producían _____ .

- Ⓐ los patrones
- Ⓑ los actores
- Ⓒ los espectadores
- Ⓓ los músicos

17. _____ diseñó un nuevo tipo de teatro cubierto.

- Ⓐ James I
- Ⓑ Ben Johnson
- Ⓒ Inigo Jones
- Ⓓ Los hombres del rey

18. Esta selección es seguramente _____ .

- Ⓐ una biografía
- Ⓑ un artículo de periódico
- Ⓒ un diario personal
- Ⓓ un cuento exagerado

Cuaderno de práctica
Viajes lejanos

Nombre _____ Fecha _____

19. Según la selección, ¿qué nuevo género teatral estaba creando Ben Johnson?

_____
_____
_____
_____
_____
_____
_____
_____

20. Explica qué quería decir Ben Johnson cuando dijo, refiriéndose a Shakespeare, que *"¡Él no pertenece a una época, sino a todos los tiempos!"*

_____
_____
_____
_____
_____
_____
_____
_____
_____
_____

Cuaderno de práctica
Viajes lejanos

Nombre _____ Fecha _____

El cuaderno de notas y dibujos de William Joyce

Instrucciones: En los ejercicios 1 al 18, rellena el círculo que está delante de la respuesta correcta. En los ejercicios 19 y 20, escribe la respuesta.

Vocabulario

1. He escrito un libro y mi amigo lo va a _____ para mí con acuarelas.
   - Ⓐ encoger
   - Ⓑ incluir
   - Ⓒ invitar
   - Ⓓ ilustrar

2. En la clase de arte, estamos aprendiendo a dibujar con colores _____ .
   - Ⓐ pastel
   - Ⓑ promesas
   - Ⓒ razón
   - Ⓓ oficinas

3. En su discurso, la astronauta dio las gracias a todos los que la _____ a conseguir su sueño.
   - Ⓐ envolvieron
   - Ⓑ expulsaron
   - Ⓒ animaron
   - Ⓓ adjunto

4. Este autor ha escrito varias _____ de libros de aventuras y los he leído todos.
   - Ⓐ sonatas
   - Ⓑ series
   - Ⓒ inspiradas
   - Ⓓ enredos

5. El maestro de arte sugirió que usara _____ para mis ilustraciones en blanco y negro.
   - Ⓐ carbón
   - Ⓑ carboncillo
   - Ⓒ tinte
   - Ⓓ bello

Comprensión

6. Esta selección se parece más a _____ .
   - Ⓐ una autobiografía
   - Ⓑ una observación
   - Ⓒ un artículo
   - Ⓓ una entrevista

Cuaderno de práctica
Viajes lejanos

Nombre _____ Fecha _____

7. Según William Joyce, King Kong y Stuart son similares porque los dos son _____ .
- Ⓐ personajes cariñosos
- Ⓑ personajes muy pequeños
- Ⓒ del tamaño equivocado
- Ⓓ monstruos espantosos

8. ¿Cómo afectó la televisión a William Joyce cuando era niño?
- Ⓐ A veces se entusiasmaba.
- Ⓑ A menudo lo aburría.
- Ⓒ Excitó su imaginación.
- Ⓓ Lo asustaba.

9. "Leí muchos libros y aprendí diferentes técnicas: acuarela, óleo, lápiz, pastel…" En esta frase, técnicas se refiere a _____ .
- Ⓐ un nuevo teléfono
- Ⓑ el tamaño de algo
- Ⓒ un tipo de papel de dibujo
- Ⓓ diferentes materiales para dibujar

10. ¿Qué quiere decir Joyce cuando dice: "con el tiempo desarrollé mi propio estilo"?
- Ⓐ que sus padres le permiten tomar clases de arte
- Ⓑ que algunos de sus maestros y bibliotecarios lo animaron
- Ⓒ que su arte muestra su propia personalidad
- Ⓓ que quiere estudiar las obras de artistas famosos

11. ¿Qué piensa William Joyce sobre dibujar de manera realista?
- Ⓐ lo aburre
- Ⓑ lo enoja
- Ⓒ lo entusiasma
- Ⓓ lo pone nervioso

12. ¿Cuánto tiempo le toma a William Joyce escribir un libro?
- Ⓐ un par de años
- Ⓑ un par de meses
- Ⓒ distinto tiempo
- Ⓓ se desconoce

13. Cuando Joyce pinta en color, ¿por qué usa solamente cuatro colores?
- Ⓐ Solamente le gustan cuatro colores.
- Ⓑ Son los únicos colores que tiene.
- Ⓒ Puede conseguir cualquier color a partir de esos cuatro.
- Ⓓ Son los colores más aguados.

Cuaderno de práctica
Viajes lejanos

Nombre _____ Fecha _____

14. ¿De qué manera contribuyen los hijos de Joyce en su obra?
   Ⓐ Prueba las historias con ellos.
   Ⓑ Dibujan algunos de sus bocetos.
   Ⓒ Les pide su opinión sobre su arte.
   Ⓓ Le dan ideas.

15. Para William Joyce, ¿cuál es el primer paso para hacer un libro?
   Ⓐ hacer bocetos para todo el libro
   Ⓑ escribir lo que dicen todos los personajes
   Ⓒ hacer bocetos y escribir las páginas una a una
   Ⓓ hacer bocetos y escribir varias páginas como un conjunto

16. ¿Cuál es el primer libro del que William Joyce es autor e ilustrador?
   Ⓐ *George Shrinks*
   Ⓑ *Dinosaur Bob*
   Ⓒ *The Leaf Men*
   Ⓓ *Tammy and the Gigantic Fish*

17. ¿Cuál es una de las cosas que le gusta dibujar a William Joyce?
   Ⓐ peces
   Ⓑ dinosaurios
   Ⓒ ositos
   Ⓓ ropa

18. ¿Por qué escribió William Joyce esta selección?
   Ⓐ para explicar cómo debe escribir la gente
   Ⓑ para explicar cómo trabaja y por qué
   Ⓒ para hacer propaganda de su libro
   Ⓓ para hablar de su familia

Cuaderno de práctica
Viajes lejanos

Nombre _____ Fecha _____

19. ¿Cómo puedes darte cuenta de que Joyce cambia de idea a menudo cuando trabaja en un libro?

_____
_____
_____
_____
_____
_____
_____
_____

20. Cuando al final de la selección, Joyce dice: "Nunca sé a dónde me llevará la siguiente página o a quién conoceré o qué aventura me espera más adelante." ¿Qué quiere decir?

_____
_____
_____
_____
_____
_____
_____
_____
_____
_____
_____

Cuaderno de práctica
Viajes lejanos

Nombre _____ Fecha _____

Satchmo toca blues

Instrucciones: En los ejercicios 1 al 18, rellena el círculo que está delante de la respuesta correcta. En los ejercicios 19 y 20, escribe la respuesta.

Vocabulario

1. En su clase de actuación, mi hermana _____ ser una princesa.
   - Ⓐ insultaba
   - Ⓑ simulaba
   - Ⓒ decía
   - Ⓓ caminaba

2. Mi mamá me pidió que le hiciera unos _____ después de clase.
   - Ⓐ válvulas
   - Ⓑ libros
   - Ⓒ puestos
   - Ⓓ mandados

3. Mi escritora favorita ha publicado _____ cuentos de misterio.
   - Ⓐ derretidos
   - Ⓑ definitivos
   - Ⓒ varios
   - Ⓓ resuelve

4. Como la compañía de mi papá opera en varios países, tiene que viajar en muchos vuelos _____ .
   - Ⓐ internacionales
   - Ⓑ ofensivos
   - Ⓒ altos
   - Ⓓ traducidos

5. Hay muchos collares y relojes bonitos en la vitrina de la _____ .
   - Ⓐ hacienda
   - Ⓑ casa de empeño
   - Ⓒ accionista
   - Ⓓ flauta

6. La voz de Patricia estaba _____ porque tenía un catarro fuerte.
   - Ⓐ lujosa
   - Ⓑ severa
   - Ⓒ ronca
   - Ⓓ musical

Cuaderno de práctica
Viajes lejanos

Nombre _____ Fecha _____

Comprensión

7. ¿Por qué Louis no tiene una trompeta?
   - Ⓐ Su familia vive en la calle Perdido.
   - Ⓑ Su mamá no tiene dinero para comprarle una.
   - Ⓒ Alguien se la roba.
   - Ⓓ A su mamá no le gustan las trompetas.

8. ¿Dónde encuentra Louis la trompeta que quiere?
   - Ⓐ en el carrito de madera del pastelero
   - Ⓑ en una tienda de saldos
   - Ⓒ en una tienda de música
   - Ⓓ en la vitrina de una casa de empeño

9. ¿Cómo se siente Louis cuando no logra tocar bien la trompeta de Santiago?
   - Ⓐ sorprendido
   - Ⓑ aliviado
   - Ⓒ contento
   - Ⓓ nervioso

10. ¿Por qué vuelve Louis a la tienda donde está la trompeta?
   - Ⓐ Trabaja allí por las tardes.
   - Ⓑ Quiere ver si la trompeta sigue allí.
   - Ⓒ Su mamá le dice que compre la trompeta.
   - Ⓓ El dueño de la tienda es amable.

11. Cuando Louis se mira en el espejo y hace como si tocara la trompeta, su mamá piensa que _____ .
   - Ⓐ se ve muy bien
   - Ⓑ intenta tocar un 'Do' agudo
   - Ⓒ parece un pez
   - Ⓓ no debe hacer como que la toca

12. ¿Qué palabra describe mejor lo que siente Louis durante los desfiles?
   - Ⓐ enojo
   - Ⓑ sorpresa
   - Ⓒ aburrimiento
   - Ⓓ emoción

Cuaderno de práctica
Viajes lejanos

13. ¿Por qué Louis hace todo lo posible por ganar cinco dólares?

  Ⓐ para comprar una trompeta
  Ⓑ para ayudar a su mamá
  Ⓒ para comprarle un regalo a su hermana
  Ⓓ para comprar un pasaje de tren a Chicago

14. El vender la parte de las cebollas que no está podrida demuestra que Louis es _____ .

  Ⓐ fresco
  Ⓑ perezoso
  Ⓒ listo
  Ⓓ atento

15. Según la selección, la mamá de Louis hace la jambalaya con _____ .

  Ⓐ arroz y frijoles
  Ⓑ camarones, langosta y cebollas
  Ⓒ salchichón al estilo cajún y elote
  Ⓓ camarones, cangrejos y salchichón

16. ¿Cómo le ayuda a Louis su mamá a conseguir la trompeta?

  Ⓐ Le busca trabajos que pueda hacerles a los vecinos.
  Ⓑ Le pide al dueño de la tienda que le venda la trompeta por $4.
  Ⓒ Le compra la trompeta.
  Ⓓ Le da un dólar.

17. Cuando sale de la casa de empeño, Louis no cabe en sí de la alegría porque _____ .

  Ⓐ le compró un regalo de cumpleaños a su hermana
  Ⓑ empeñó su trompeta
  Ⓒ tiene su propia trompeta
  Ⓓ puede tocar la canción "Dixie Flyer"

Cuaderno de práctica
Viajes lejanos

18. ¿Por qué escribió esta selección el autor?

- Ⓐ para dar a conocer la ciudad de Nueva Orleans
- Ⓑ para mostrar que el joven Louis tenía la música por dentro
- Ⓒ para explicar que el interés musical es importante en la vida de los niños
- Ⓓ para explicar lo que es la jambalaya

19. ¿Por qué se entristece Louis cuando su mamá le pide veinticinco centavos para comprar comida?

_____
_____
_____
_____
_____
_____
_____

20. ¿Crees que la mamá verdaderamente necesitaba los veinticinco centavos de Louis? Explica por qué crees eso.

_____
_____
_____
_____
_____
_____
_____

Cuaderno de práctica
Viajes lejanos

Nombre _____ Fecha _____

Evelyn Cisneros: Prima bailarina

Instrucciones: En los ejercicios 1 al 18, rellena el círculo que está delante de la respuesta correcta. En los ejercicios 19 y 20, escribe la respuesta.

Vocabulario

1. Los ejercicios de estiramiento ayudan a aumentar la _____ del cuerpo.
   - Ⓐ flexibilidad
   - Ⓑ miembro
   - Ⓒ práctica
   - Ⓓ desesperación

2. Glenn dejó de jugar básquetbol después de clase para poder _____ más a entrenar a su perro.
   - Ⓐ creer
   - Ⓑ sonar
   - Ⓒ ridiculizar
   - Ⓓ dedicarse

3. Juan trabajaba de _____ para un platero para aprender a trabajar con plata.
   - Ⓐ aprendiz
   - Ⓑ actor
   - Ⓒ autor
   - Ⓓ adorno

4. Nuestras cosechas tuvieron mucho _____ con el sol cálido y el suelo fértil, por eso pronto tuvimos mucho que comer.
   - Ⓐ escondido
   - Ⓑ éxito
   - Ⓒ escaparon
   - Ⓓ inventado

5. Mi hermana espera que sus buenas calificaciones la ayudarán a sacar una _____ para atender la universidad.
   - Ⓐ error
   - Ⓑ numerosa
   - Ⓒ beca
   - Ⓓ patrulla

6. Debido a que los otros niños atormentaban a Maya por la ropa que llevaba, ella se hizo más y más _____ .
   - Ⓐ grave
   - Ⓑ tímida
   - Ⓒ directora
   - Ⓓ congestionada

7. Los actores esperaban en el _____ para el primer acto.
   - Ⓐ asiento
   - Ⓑ parque
   - Ⓒ escenario
   - Ⓓ éxito

Cuaderno de práctica
Viajes lejanos

Nombre _____ Fecha _____

Comprensión

8. ¿Quién es Evelyn Cisneros?
- Ⓐ una princesa
- Ⓑ una bella durmiente
- Ⓒ un músico
- Ⓓ una prima bailarina

9. ¿Por qué Evelyn era tímida de niña?
- Ⓐ Los otros niños la molestaban por su apariencia.
- Ⓑ Sus padres se enojaban a menudo con ella.
- Ⓒ Su familia se mudó a un nuevo pueblo.
- Ⓓ Su hermano menor la molestaba constantemente.

10. ¿Por qué no le gustaron a Evelyn sus primeras clases?
- Ⓐ Tenía que hacer ejercicios de preparación.
- Ⓑ Era torpe.
- Ⓒ Tenía que practicar delante de otras personas.
- Ⓓ Tenía que trabajar mucho.

11. El pie izquierdo de Evelyn giraba un poco hacia adentro. ¿Por qué trabajó para corregir esto?
- Ⓐ para que su maestra no se quejara
- Ⓑ para ser una mejor bailarina
- Ⓒ para sobresalir entre sus amigas
- Ⓓ para poder hacer mejor los saltos y piruetas

12. ¿Qué hizo Evelyn para que sus hombros no se encorvaran?
- Ⓐ hizo ejercicios para incrementar su flexibilidad
- Ⓑ llevaba tirantes para mantener la espalda recta
- Ⓒ dormía solamente de espaldas
- Ⓓ dejó de bailar zapateado

13. "Evelyn enseñaba zapateado y demostraba posiciones de ballet a estudiantes más pequeños." En esta selección, *posiciones* se refiere a _____ .
- Ⓐ bailes para ballet
- Ⓑ opiniones sobre algo
- Ⓒ el espacio que ocupa alguien
- Ⓓ una postura específica

Cuaderno de práctica
Viajes lejanos

Nombre _____ Fecha _____

14. ¿Por qué le ofreció el Ballet de San Francisco una beca para el verano a Evelyn Cisneros?

Ⓐ Sus maestros la recomendaron.
Ⓑ Bailó en el Teatro *Pacific Ballet*.
Ⓒ Iba a enseñar zapateado allí.
Ⓓ Los maestros de la escuela de ballet pensaban que tenía talento.

15. ¿Qué palabra describe mejor lo que sintió Evelyn sobre el baile después de su experiencia en la escuela de Ballet de San Francisco?

Ⓐ segura   Ⓑ disgustada
Ⓒ insegura   Ⓓ desanimada

16. ¿Por qué aceptó Evelyn una beca para el curso de verano de la American Ballet School de Nueva York?

Ⓐ para alejarse del baile
Ⓑ para bailar en otra escuela importante
Ⓒ para estar con su maestra favorita
Ⓓ para ser aprendiz

17. ¿Qué hizo famosa a Evelyn?

Ⓐ bailar en *A Song for Dead Warriors*
Ⓑ salir en la televisión
Ⓒ bailar en la Casa Blanca
Ⓓ sustituir a una bailarina lastimada, en Nueva York

18. Esta selección es una biografía porque _____ .

Ⓐ expresa la opinión del editor de un periódico
Ⓑ da instrucciones para hacer algo
Ⓒ cuenta la verdadera historia de la vida de una persona
Ⓓ hace una lista de trabajos por el mismo autor

Cuaderno de práctica
Viajes lejanos

Nombre _____ Fecha _____

19. ¿Cuál fue el mayor obstáculo que encontró Evelyn cuando era niña?

_____
_____
_____
_____
_____
_____
_____
_____

20. Evelyn Cisneros ha recibido muchos premios de organizaciones hispanas porque

_____
_____
_____
_____
_____
_____
_____
_____

Cuaderno de práctica
Viajes lejanos

Nombre _____   Fecha _____

Listos . . . ¡Fuera!

Instrucciones: En los ejercicios 1 al 18, rellena el círculo que está delante de la respuesta correcta. En los ejercicios 19 y 20, escribe la respuesta.

Vocabulario

1. Como estaba muy emocionado por la elección, mi padre puso en su carro una calcomanía de su _____ .
   - Ⓐ frontera
   - Ⓑ campaña
   - Ⓒ referencia
   - Ⓓ ciencia

2. El ruido del tráfico era tan _____ que tuvimos que cerrar las ventanas para no oírlo.
   - Ⓐ informado
   - Ⓑ ansioso
   - Ⓒ odioso
   - Ⓓ iluminado

3. Un grupo de voluntarios están tapando el _____ de las paredes con una nueva capa de pintura.
   - Ⓐ graffiti
   - Ⓑ cubierto
   - Ⓒ festejo
   - Ⓓ edificio

4. Cuando nos mudemos la semana que viene, nuestra nueva _____ será Calle del Norte 28.
   - Ⓐ memoria
   - Ⓑ resonancia
   - Ⓒ energía
   - Ⓓ residencia

5. Mi papá piensa _____ al señor Salinas en la elección para alcalde del mes que viene.
   - Ⓐ desistir
   - Ⓑ apoyar
   - Ⓒ asentar
   - Ⓓ peligrar

Comprensión

6. Esta selección es ficción realista porque _____ .
   - Ⓐ los personajes y los eventos son como las personas y cosas de la vida real
   - Ⓑ muchos de los eventos no son realistas
   - Ⓒ la acción tiene lugar en un sitio imaginario
   - Ⓓ trata sobre la cultura hispana

Cuaderno de práctica
Viajes lejanos

Nombre _____ Fecha _____

7. ¿Por qué llama por teléfono Miata a sus compañeras de clase?
   Ⓐ para pedirles ayuda con su acuario
   Ⓑ para pedirles que hagan carteles y calcomanías
   Ⓒ para pedirles que voten por ella en la elección
   Ⓓ para pedirles que llamen a más gente

8. ¿Por qué piensa su papá que Miata está llamando a su novio?
   Ⓐ porque oye que está hablando con alguien
   Ⓑ porque sabe que es su novio
   Ⓒ porque Miata le había dicho que iba a llamar a un chico
   Ⓓ porque lleva un buen rato hablando por teléfono

9. Miata quiere conocer a alguien importante para _____ .
   Ⓐ que la apoye a ganar la elección
   Ⓑ pedirle un autógrafo
   Ⓒ invitarlo a casa
   Ⓓ conocer a una estrella de rock

10. "Se amaban mutuamente, pero rara vez pensaban de la misma manera". ¿Qué quiere decir "mutuamente"?
    Ⓐ abiertamente
    Ⓑ el uno al otro
    Ⓒ profundamente
    Ⓓ en silencio

11. En esta selección, ¿quién dice "Soy más que un amigo . . ."?
    Ⓐ Papi
    Ⓑ el mejor amigo de Rudy
    Ⓒ Rudy
    Ⓓ Eddie Olmos

12. ¿Por qué quiere Miata visitar a doña Carmen?
    Ⓐ Quiere saber qué hacer para llegar a ser alcaldesa.
    Ⓑ Le cae bien y quiere volver a verla.
    Ⓒ Sabe que se divertirán juntas.
    Ⓓ Quiere saber qué tiene que hacer para ganar una elección.

Cuaderno de práctica
Viajes lejanos

Nombre _____ Fecha _____

13. Cuando Miata llega a verla, ¿qué está haciendo doña Carmen?
  Ⓐ Está arreglando una lámpara.
  Ⓑ Está arreglando el jardín.
  Ⓒ Está haciendo pan.
  Ⓓ Está leyendo el periódico.

14. ¿Por qué se presentó a las elecciones doña Carmen para competir contra su marido?
  Ⓐ No le caía bien.
  Ⓑ Pensaba que era más lista que él.
  Ⓒ No estaba de acuerdo con su manera de pensar.
  Ⓓ Ella era muy joven.

15. El marido de doña Carmen no quería contratar a la maestra de la Ciudad de México porque _____ .
  Ⓐ era mujer
  Ⓑ sólo hablaba español
  Ⓒ sus ideas de la ciudad les vendrían bien a los niños
  Ⓓ sus ideas volverían malos a los niños

16. Rudy Herrera piensa que ganará la elección porque _____ .
  Ⓐ ha prometido montones de helado y más tiempo de recreo
  Ⓑ Miata no tiene experiencia con el gobierno estudiantil
  Ⓒ es varón
  Ⓓ piensa que es más listo que Miata

17. Miata quiere mejorar su escuela _____ .
  Ⓐ pidiendo dinero a los alumnos
  Ⓑ hablando con los maestros
  Ⓒ regalando libros
  Ⓓ haciéndola más bella

18. ¿Cuándo ve Miata las flores de doña Carmen?
  Ⓐ antes de que doña Carmen le hable de ser alcaldesa
  Ⓑ después de que doña Carmen le ofrece darle flores
  Ⓒ después de que Miata le habla sobre su escuela
  Ⓓ antes de que Miata le dé el pan

Cuaderno de práctica
Viajes lejanos

Nombre _____ Fecha _____

19. El cuento dice que doña Carmen trató de llegarle al corazón a Miata. Explica lo que quiere decir esto.

_____
_____
_____
_____
_____
_____
_____
_____
_____

20. ¿Por qué se muerde el labio Miata cuando doña Carmen le pregunta sobre su promesa electoral?

_____
_____
_____
_____
_____
_____
_____
_____
_____

Nombre _____ Fecha _____

Poco a poco

Instrucciones: En los ejercicios 1 al 18, rellena el círculo que está delante de la respuesta correcta. En los ejercicios 19 y 20, escribe la respuesta.

Vocabulario

1. No entiendo lo que dice su carta porque no puedo _____ su complicada letra.
   - Ⓐ querer
   - Ⓑ pedalear
   - Ⓒ descifrar
   - Ⓓ permitir

2. Jean no podía ver las letras con claridad, porque tenían un color muy _____ .
   - Ⓐ dividido
   - Ⓑ girado
   - Ⓒ impulsado
   - Ⓓ iluminado

3. El pintor miró su pintura arruinada y sintió que lo invadía el _____ .
   - Ⓐ desaliento
   - Ⓑ arresto
   - Ⓒ variedad
   - Ⓓ relato

4. El actor fue tan convincente en el papel del "malo" que hasta lo _____ .
   - Ⓐ envié
   - Ⓑ detesté
   - Ⓒ causé
   - Ⓓ eliminé

5. La maestra cojeaba un poco porque de pequeña tuvo _____ .
   - Ⓐ público
   - Ⓑ político
   - Ⓒ polio
   - Ⓓ publicitario

6. El susto que me llevé me dejó totalmente _____ .
   - Ⓐ violenta
   - Ⓑ paralizada
   - Ⓒ flexible
   - Ⓓ áspera

Cuaderno de práctica
Viajes lejanos

Nombre _____ Fecha _____

Comprensión

7. ¿Por qué piensa Jean que la señorita Marr comprenderá su problema de la vista?

Ⓐ La maestra es joven y bonita.
Ⓑ La maestra cojea.
Ⓒ La maestra tiene la voz suave.
Ⓓ A la maestra le agrada el Sr. Johnston.

8. ¿Por qué coloca la maestra el pupitre de Jean tan cerca del pizarrón?

Ⓐ porque no cabe en ningún otro lugar
Ⓑ porque Jean no se porta bien
Ⓒ porque Jean quiere estar alejada de los demás estudiantes
Ⓓ porque se supone que Jean verá mejor el pizarrón de cerca

9. ¿Por qué no le explica Jean a su maestra el problema que tiene para leer?

Ⓐ porque le da vergüenza
Ⓑ porque no cree que sea un problema importante
Ⓒ porque la señorita Marr no le haría caso
Ⓓ porque no le cae bien la señorita Marr

10. "Shirley parecía la protagonista de una historia" significa que Shirley _____ .

Ⓐ era aficionada a las historias
Ⓑ tenía muchos libros
Ⓒ parecía tener una vida interesante
Ⓓ salía en una película

11. En la selección, se habla de Shirley como "la invitada de guerra" porque _____ .

Ⓐ le gusta pelear en el patio
Ⓑ vive con su tía y su tío
Ⓒ vino de Inglaterra para escapar de los bombardeos
Ⓓ tiene un acento interesante

Cuaderno de práctica
Viajes lejanos

Nombre _____ Fecha _____

12. ¿Por qué le emociona a Jean que Shirley la vaya a ayudar?
- Ⓐ A Jean le gusta su hermano, Iván.
- Ⓑ Jean siempre ha querido tener una amiga con quien estar.
- Ⓒ Jean siempre busca a alguien que la ayude.
- Ⓓ Shirley es de Inglaterra.

13. Luego, resulta ser que Shirley es _____ .
- Ⓐ una persona nerviosa
- Ⓑ una niña callada y cortés
- Ⓒ muy buena amiga de Jean
- Ⓓ una persona desagradable.

14. Jean empieza a hablar con un árbol luego de _____ .
- Ⓐ que Shirley la abandona en el patio.
- Ⓑ tomar la prueba de aritmética
- Ⓒ decirle a la señorita Marr lo que hizo
- Ⓓ que Jamie se encuentra con ella en la escuela

15. ¿Por qué Jean no escribe ninguna respuesta en la prueba?
- Ⓐ No puede escribir tan rápido.
- Ⓑ No sabe las operaciones de suma.
- Ⓒ No sabe las tablas de multiplicación.
- Ⓓ No tiene lápiz.

16. Cuando Jean dice que ha escrito todas las respuestas correctas, se siente _____ .
- Ⓐ contenta
- Ⓑ culpable
- Ⓒ emocionada
- Ⓓ desilusionada

17. Esta selección tiene las características de una autobiografía por que _____ .
- Ⓐ cuenta un relato real sobre algo que le pasó a la autora en su vida
- Ⓑ cuenta un relato sobre algo que pasó en la escuela
- Ⓒ explica por qué la autora casi no puede ver
- Ⓓ cuenta sucesos inventados de la vida de una persona

Cuaderno de práctica
Viajes lejanos

18. "Ruth y Stella se acercaron a mi pupitre cuando estaba a punto de guardar mis libros. Ambas me miraron con recelo." En este cuento, recelo significa

Ⓐ admiración
Ⓑ desconfianza
Ⓒ peligro
Ⓓ mentira

19. ¿Qué lección aprende Jean de la señorita Marr al confesar que hizo trampa?

_____
_____
_____
_____
_____
_____
_____
_____
_____

20. ¿Qué diferencias hay entre los pupitres de las escuelas de hoy en día y los de la escuela de Jean?

_____
_____
_____
_____
_____
_____
_____
_____
_____

Cuaderno de práctica
Viajes lejanos

Nombre _____ Fecha _____

El pequeño libro que aún no tenía nombre

Instrucciones: En los ejercicios 1 al 18, rellena el círculo que está delante de la respuesta correcta. En los ejercicios 19 y 20, escribe la respuesta.

Vocabulario

1. Mi diccionario es muy grande y las palabras de la letra "k" están en el segundo _____ .
   - Ⓐ cubiertas
   - Ⓑ erratas
   - Ⓒ tomo
   - Ⓓ caligrafía

2. Este libro es perfecto porque no tiene _____ .
   - Ⓐ erratas
   - Ⓑ distinción
   - Ⓒ aplicado
   - Ⓓ remedios

3. Las _____ de los libros infantiles son bonitas y coloridas.
   - Ⓐ remedios
   - Ⓑ cubiertas
   - Ⓒ caligrafía
   - Ⓓ tomo

4. Cuando escribas una carta, asegúrate de usar una _____ legible.
   - Ⓐ distinción
   - Ⓑ erratas
   - Ⓒ aplicado
   - Ⓓ caligrafía

5. Hay que buscar _____ a los problemas para solucionarlos pronto.
   - Ⓐ cubiertas
   - Ⓑ remedios
   - Ⓒ erratas
   - Ⓓ tomo

6. El susto que me llevé me dejó totalmente _____ .
   - Ⓐ violenta
   - Ⓑ paralizada
   - Ⓒ flexible
   - Ⓓ áspera

7. Recibir ese premio es una _____ importante.
   - Ⓐ errata
   - Ⓑ distinción
   - Ⓒ caligrafía
   - Ⓓ distracción

Cuaderno de práctica
Viajes lejanos

Nombre _____ Fecha _____

Comprensión

8. ¿Con qué tipo de libros suele reunirse el padre de Cuentecito?
- Ⓐ libros de arte
- Ⓑ libros de niños
- Ⓒ libros humorísticos
- Ⓓ libros serios

9. ¿Adónde iba Cuentecito todos los jueves?
- Ⓐ al mercado con su madre
- Ⓑ a la biblioteca
- Ⓒ al estante de sus abuelos
- Ⓓ al parque

10. ¿Qué es algo que la abuela de Cuentecito no le decía?
- Ⓐ "Siéntate derecho".
- Ⓑ "No ensucies tus páginas".
- Ⓒ "Alísate la cubierta".
- Ⓓ "Píntate de muchos colores".

11. Una de las siguientes no es característica de los libritos escolares. ¿Cuál es?
- Ⓐ Sus vidas son muy duras cuando son pequeños.
- Ⓑ Necesitan tener descansos.
- Ⓒ Van a la escuela cinco días a la semana.
- Ⓓ Estudian como locos varias materias.

12. ¿Por qué Cuentecito era muy aplicado?
- Ⓐ Solamente iba a la escuela los martes y viernes.
- Ⓑ Sabía que a los libros descuidados se les notaba su descuido.
- Ⓒ Le molestaban mucho las manchas de los demás.
- Ⓓ Nunca se dormía en la primera clase.

Cuaderno de práctica
Viajes lejanos

Nombre _____ Fecha _____

13. Al decir que a los libros descuidados les "salen erratas", *salen* en esta selección quiere decir _____ .

Ⓐ aparecen o brotan
Ⓑ sacan una cosa de su lugar
Ⓒ cuestan cierta cantidad
Ⓓ sobrepasan un límite

14. ¿Qué hacía la maestra para que los estudiantes atendieran?

Ⓐ Los hacía que cantaran en grupos.
Ⓑ Les hacía muchos regalos aunque se durmieran.
Ⓒ Les decía que les iban a salir muchas erratas.
Ⓓ Los hacía repetir frases que les sonaban muy bien.

15. ¿Por qué necesitan saber dibujo los libros serios?

Ⓐ Sus cubiertas están llenas de dibujos grandes.
Ⓑ Tienen que hacer gráficas para que se entienda algo.
Ⓒ A veces tienen que pintar algo o enseñar cómo es un personaje.
Ⓓ Necesitan poner las letras del título de modo que queden bien.

16. ¿Quiénes reciben lecciones de costura?

Ⓐ todos los libritos
Ⓑ todos los libros serios
Ⓒ los libros de dibujo
Ⓓ los cuentecitos pequeños

17. ¿Cuál era la lección que mejor sabía Cuentecito?

Ⓐ dibujo
Ⓑ costura
Ⓒ caligrafía
Ⓓ ortografía

18. ¿Por qué necesitan saber la tabla del dieciséis los libros pequeños?

Ⓐ Crecen como nosotros, de milímetro a milímetro.
Ⓑ La única tabla que pueden aprender es la de dieciséis.
Ⓒ Pueden tener cualquier número de páginas, menos dieciséis.
Ⓓ Los libros se forman por cuadernillos de dieciséis páginas.

Cuaderno de práctica
Viajes lejanos

Nombre _____ Fecha _____

19. ¿Por qué la mamá de Cuentecito cambiaba su cubierta con frecuencia?

_____
_____
_____
_____
_____
_____
_____
_____

20. ¿Qué piensa el autor de la educación de un libro?

_____
_____
_____
_____
_____
_____
_____
_____
_____

Cuaderno de práctica
Viajes lejanos

Nombre _____ Fecha _____

Frindel

Instrucciones: En los ejercicios 1 al 18, rellena el círculo que está delante de la respuesta correcta. En los ejercicios 19 y 20, escribe la respuesta.

Vocabulario

1. El señor estaba tan _____ pensando en sus planes para el futuro que no se dio cuenta de que el semáforo había cambiado a verde.
   - Ⓐ asombrado
   - Ⓑ absorto
   - Ⓒ absoluto
   - Ⓓ absuelto

2. Caminamos por cada _____ del supermercado tratando de recordar todo lo que necesitábamos para la cena.
   - Ⓐ residencia
   - Ⓑ comercial
   - Ⓒ pasillo
   - Ⓓ vacaciones

3. Para formar parte del club tuvimos que hacer un _____ y declarar que no romperíamos las normas del club.
   - Ⓐ jurado
   - Ⓑ juvenil
   - Ⓒ dinero
   - Ⓓ juramento

4. La madre de Teodoro estalló de _____ al verlo llegar a la meta en primera posición.
   - Ⓐ júbilo
   - Ⓑ pánico
   - Ⓒ juicio
   - Ⓓ panorama

5. Beatriz tiene _____ de ser honesta y digna de confianza.
   - Ⓐ atención
   - Ⓑ reunión
   - Ⓒ reputación
   - Ⓓ partición

6. Ernesto intentó _____ la atención de la maestra haciendo un montón de preguntas para que no nos diera la prueba.
   - Ⓐ sobrevolar
   - Ⓑ superar
   - Ⓒ sobresalir
   - Ⓓ desviar

Cuaderno de práctica
Viajes lejanos

Comprensión

7. Para Nick, lo peor que le puede ocurrir en una clase es _____ .
   - Ⓐ tener que escribir un informe
   - Ⓑ que la maestra lo trate como su alumno predilecto
   - Ⓒ tener que presentar un informe oral
   - Ⓓ tener que responder a las preguntas de la maestra

8. ¿Cómo se dice "perro" en alemán?
   - Ⓐ *chien*
   - Ⓑ *perro*
   - Ⓒ *hund*
   - Ⓓ *dog*

9. ¿Qué libro describe la Sra. Granger?
   - Ⓐ un libro de matemáticas
   - Ⓑ una guía telefónica
   - Ⓒ un cuaderno de notas
   - Ⓓ un diccionario

10. La Sra. Granger les explicó la tarea de todo el día _____ .
    - Ⓐ en ocho minutos
    - Ⓑ en francés
    - Ⓒ con mucha dificultad
    - Ⓓ sin dar ninguna respuesta incorrecta

11. ¿Por qué le hace preguntas Nick a la Sra. Granger?
    - Ⓐ para aprender palabras en otros idiomas
    - Ⓑ para aprender sobre los diccionarios
    - Ⓒ para evitar que asigne más tarea
    - Ⓓ para convertirse en su alumno predilecto

12. ¿Qué es lo que le ayuda a Nick a comprender mejor lo que dice la Sra. Granger sobre el significado de las palabras?
    - Ⓐ una experiencia que había tenido en el prekinder
    - Ⓑ una discusión en la reunión del club del periódico escolar
    - Ⓒ la última tarea que había asignado la Sra. Granger
    - Ⓓ la charla que mantuvo con Janet sobre la clase de la Sra. Granger

Cuaderno de práctica
Viajes lejanos

Nombre _____ Fecha _____

13. ¿Cuándo comprende Nick lo que dijo la Sra. Granger sobre el significado de las palabras?
  (A) al dirigir la reunión del club del periódico escolar
  (B) de camino a casa con Janet
  (C) después de cenar
  (D) antes de salir de la escuela

14. ¿Qué ocurre cuando Nick se tropieza con Janet y la saca de la acera?
  (A) Janet recoge el bolígrafo dorado.
  (B) Janet se cae en la calle.
  (C) Nick habla sobre la clase de la Sra. Granger.
  (D) Nick utiliza la palabra *frindel* por primera vez.

15. ¿Por qué le pide Nick un *frindel* a la señora de la tienda?
  (A) porque quiere tratar de utilizar *frindel* como si fuera una palabra de verdad
  (B) porque necesita un bolígrafo negro
  (C) porque la Sra. Granger les había pedido a todos que compraran un bolígrafo especial
  (D) porque sabe que la dependienta habla alemán

16. Según esta selección, ¿cuál es el apodo de Nick?
  (A) Frindel   (B) Allen
  (C) Gwagala   (D) Acción

17. ¿Qué hace Nick para tratar de convertir la palabra *frindel* en una palabra de verdad?
  (A) Le enseña la palabra a la dependienta de la tienda.
  (B) Hace un juramento junto con sus amigos de que nunca dirán la palabra *bolígrafo*.
  (C) Le cuenta a la Sra. Granger sobre *frindel*.
  (D) Encuentra la palabra en el libro *Palabras vivas*.

18. ¿Cómo describirías a Nick?
  (A) deshonesto   (B) desorganizado
  (C) imaginativo   (D) musical

Cuaderno de práctica
Viajes lejanos

Nombre _____ Fecha _____

19. ¿En qué consiste el gran plan de Nick?
_____
_____
_____
_____
_____
_____
_____
_____
_____

20. ¿Cómo sabe Nick que su plan está funcionando?
_____
_____
_____
_____
_____
_____
_____
_____
_____
_____

Cuaderno de práctica
Viajes lejanos

Nombre _____ Fecha _____

Lo mucho que se divirtieron

Instrucciones: En los ejercicios 1 al 18, rellena el círculo que está delante de la respuesta correcta. En los ejercicios 19 y 20, escribe la respuesta.

Vocabulario

1. Después de estar todo el día al aire libre, su piel se puso _____ .
   - Ⓐ amarillenta
   - Ⓑ delgada
   - Ⓒ sonrosada
   - Ⓓ triste

2. Cuando Antonia se enteró de que sus abuelos no podrían ir a su fiesta, ella se sintió _____ .
   - Ⓐ desilusionada
   - Ⓑ aburrida
   - Ⓒ presumida
   - Ⓓ sonrosada

3. No vayas a _____ , pues esta vez él tiene toda la razón.
   - Ⓐ río
   - Ⓑ contradecirlo
   - Ⓒ plantar
   - Ⓓ diccionario

4. Ella tiene que _____ a las reglas de la casa para que no la regañen.
   - Ⓐ organizar
   - Ⓑ mirar
   - Ⓒ cambiar
   - Ⓓ ajustarse

5. Cuando habla a gritos, sin _____ , todos nos sentimos incómodos.
   - Ⓐ elevador
   - Ⓑ pantalones
   - Ⓒ antiguo
   - Ⓓ cortesía

Comprensión

6. Esta selección se parece más a _____ .
   - Ⓐ una ficción realista
   - Ⓑ ciencia ficción
   - Ⓒ una narrativa personal
   - Ⓓ un libro de ciencias

Cuaderno de práctica
Viajes lejanos

7. ¿Cuándo tiene lugar esta selección?
   - Ⓐ en el pasado
   - Ⓑ en el presente
   - Ⓒ dentro de unos meses
   - Ⓓ en el futuro lejano

8. Tommy y Margie son _____ .
   - Ⓐ hermanos
   - Ⓑ vecinos del barrio
   - Ⓒ primos
   - Ⓓ amigos que viven lejos el uno del otro

9. ¿Dónde encuentra Tommy el libro "de verdad"?
   - Ⓐ en un baúl viejo
   - Ⓑ en el ático de la casa de Margie
   - Ⓒ en el ático de su casa
   - Ⓓ en una caja muy vieja

10. ¿Qué es lo que más le desagrada a Margie sobre la escuela?
    - Ⓐ tomar exámenes
    - Ⓑ entregar sus tareas y sus exámenes
    - Ⓒ estudiar
    - Ⓓ su salón de clases

11. ¿Qué es lo que le desagrada a Margie de su maestro?
    - Ⓐ la pantalla grande
    - Ⓑ la ranura para los exámenes
    - Ⓒ las tarjetas perforadas para tomar los exámenes
    - Ⓓ la velocidad con que el maestro corrige los exámenes

12. ¿Por qué le va mal en geografía a Margie?
    - Ⓐ Su maestro presentó el material con demasiada rapidez.
    - Ⓑ Ella ha tomado muchos exámenes seguidos.
    - Ⓒ Su maestro lleva casi un mes de ausencia.
    - Ⓓ Su maestro le dio información incorrecta.

Cuaderno de práctica
Viajes lejanos

13. ¿Por qué dice Margie que: "No me gustaría que hubiera un extraño en casa para enseñarme"?
  Ⓐ Ella teme que el inspector estatal será su maestro sustituto.
  Ⓑ El papá de Tommy va a ayudarle a estudiar geografía.
  Ⓒ Ella piensa que los maestros de antes iban a las casas de los estudiantes a dar clases.
  Ⓓ Margie se siente más a gusto con una maestra.

14. ¿Cómo trata Tommy a Margie?
  Ⓐ como si ella fuera más inteligente que él
  Ⓑ como si ella fuera tonta
  Ⓒ como si ella fuera tan inteligente como él
  Ⓓ como si ella tuviera que aprender más geografía

15. ¿Qué comparación hace Tommy entre su maestro y su papá?
  Ⓐ Su padre no es tan inteligente como su maestro mecánico.
  Ⓑ Su padre sabe tanto como su maestro mecánico.
  Ⓒ Los maestros de antes no iban a las casas de los estudiantes.
  Ⓓ Su padre no puede individualizar lo que enseña.

16. De estas oraciones, ¿cuál es más probable que diría la mamá de Margie?
  Ⓐ Los niños aprenden más si pueden escoger cuándo van a la escuela.
  Ⓑ A todos los niños de once años se les debe enseñar lo mismo y de la misma manera.
  Ⓒ Los maestros no se ajustan a los niños. Los niños se ajustan a los maestros.
  Ⓓ Como cada niño aprende de una manera diferente, a cada niño se le debe enseñar de una manera diferente.

17. ¿Por qué cree Margie que las escuelas de antes deben haber sido divertidas?
  Ⓐ Los estudiantes nunca tenían que tomar exámenes.
  Ⓑ Los maestros eran personas.
  Ⓒ Los estudiantes contaban con muchas oportunidades para estar juntos.
  Ⓓ El sistema de calificación era más sencillo.

Cuaderno de práctica
Viajes lejanos

Nombre _____ Fecha _____

18. ¿Cuál de estos dichos se ajusta más al cuento?
- Ⓐ Hay que bailar al son que nos toquen.
- Ⓑ Cuatro ojos ven más que dos.
- Ⓒ A lo hecho, pecho.
- Ⓓ Mas vale pájaro en mano que cien volando.

19. ¿En qué se distingue el maestro del libro de verdad del maestro de Margie?

_____
_____
_____
_____
_____
_____
_____
_____

20. Indica dos razones por las que el libro de verdad les parece extraño a Tommy y Margie.

_____
_____
_____
_____
_____
_____
_____
_____

Cuaderno de práctica
Viajes lejanos

Nombre _____ Fecha _____

A través del ancho y oscuro mar

Instrucciones: En los ejercicios 1 al 18, rellena el círculo que está delante de la respuesta correcta. En los ejercicios 19 y 20, escribe la respuesta.

Vocabulario

1. Me sorprendió una tormenta de nieve y me _____ con una manta para no enfriarme.
   - Ⓐ volteé
   - Ⓑ saludé
   - Ⓒ acurruqué
   - Ⓓ fracasé

2. Los pioneros contemplaron aquel valle tan _____ y comprendieron que tardarían varios días en cruzarlo.
   - Ⓐ residente
   - Ⓑ coordinado
   - Ⓒ vaso
   - Ⓓ vasto

3. Sin ríos en su camino, los colonos tuvieron que recurrir al agua del _____.
   - Ⓐ bosque
   - Ⓑ pantano
   - Ⓒ atajo
   - Ⓓ viento

4. Los marineros subieron por los _____ mientras el barco entraba a puerto.
   - Ⓐ aparejos
   - Ⓑ flotantes
   - Ⓒ complementos
   - Ⓓ fondos

5. Los pioneros se ayudaban unos a otros a colocar las _____ de las nuevas casas que construían.
   - Ⓐ desvanes
   - Ⓑ bisagras
   - Ⓒ vigas
   - Ⓓ hileras

6. Los marineros tuvieron que _____ las velas para que no se rasgaran con la tormenta.
   - Ⓐ remediar
   - Ⓑ recoger
   - Ⓒ responder
   - Ⓓ repudiar

7. Los pioneros limpiaron de hierba el campo para poder establecer ahí su _____ .
   - Ⓐ asentamiento
   - Ⓑ emigración
   - Ⓒ verdura
   - Ⓓ reputación

Cuaderno de práctica
Viajes lejanos

Nombre _____ Fecha _____

Comprensión

8. Esta selección es ficción histórica porque _____ .
   - Ⓐ no se mencionan los nombres de las personas
   - Ⓑ las tormentas en alta mar son muy comunes
   - Ⓒ es imposible que nadie sobreviviera todo ese tiempo a bordo del *Mayflower*
   - Ⓓ el *Mayflower* vino a América en la vida real

9. ¿Por qué se hacen cada vez más pequeñas las caras de los que están en el muelle?
   - Ⓐ porque son muy bajitos
   - Ⓑ porque el barco se aleja de ellos
   - Ⓒ porque los tripulantes del barco no tienen muy buena vista
   - Ⓓ porque los que están en el muelle huyen rápidamente

10. El interior del barco _____ .
    - Ⓐ es soleado y agradable
    - Ⓑ es grande
    - Ⓒ tiene espacio de sobra
    - Ⓓ va lleno de gente

11. ¿Por qué son afortunados los miembros de la familia del narrador?
    - Ⓐ Tienen un rincón seco.
    - Ⓑ Están empapados y congelados.
    - Ⓒ Duermen en una lancha de trabajo.
    - Ⓓ Están amontonados.

12. ¿Qué come en alta mar la familia?
    - Ⓐ frijoles, hamburguesas y pan
    - Ⓑ puerco salado, pan y frijoles
    - Ⓒ crema de cacahuate, mermelada y frijoles
    - Ⓓ puerco asado y ejotes

Cuaderno de práctica
Viajes lejanos

Nombre _____ Fecha _____

13. ¿Qué frase describe mejor la feroz tormenta?

- Ⓐ un viento fuerte
- Ⓑ lograr atrapar una cuerda
- Ⓒ la embravecida agua espumosa
- Ⓓ no demasiado tormentoso

14. El barco comenzó a hacer agua debido a _____ .

- Ⓐ las muchas tormentas que había sufrido
- Ⓑ su peso
- Ⓒ un ancla de hierro que cayó
- Ⓓ la cantidad de pasajeros a bordo

15. Los *aparejos, mástiles* y *vigas* son _____ .

- Ⓐ partes de un barco
- Ⓑ material que llevaban los pasajeros
- Ⓒ tipos de aves
- Ⓓ herramientas de los marineros

16. ¿Por qué comienzan los pasajeros a cuestionarse las razones por las que emprendieron el viaje?

- Ⓐ Tienen la ropa mojada.
- Ⓑ El viaje es demasiado duro.
- Ⓒ Se están quedando sin comida.
- Ⓓ Los marineros son muy groseros.

17. Los siguientes son indicios de la proximidad de la tierra, **excepto** las _____ .

- Ⓐ algas marinas
- Ⓑ ramas de árboles
- Ⓒ nubes
- Ⓓ plumas

18. ¿Cuándo comienza a llorar y a reír la madre del narrador?

- Ⓐ al comer alimentos frescos
- Ⓑ al ver tierra firme
- Ⓒ al ponerse mejor su hijo
- Ⓓ al zarpar el barco del puerto

Cuaderno de práctica
Viajes lejanos

Nombre _____ Fecha _____

19. ¿Por qué desembarca primero un pequeño grupo de hombres?
_____
_____
_____
_____
_____
_____
_____
_____

20. ¿Por qué escribió este cuento la autora?
_____
_____
_____
_____
_____
_____
_____
_____
_____

Cuaderno de práctica
Viajes lejanos

Nombre _____ Fecha _____

Di el nombre de este americano

Instrucciones: En los ejercicios 1 al 18, rellena el círculo que está delante de la respuesta correcta. En los ejercicios 19 y 20, escribe la respuesta.

Vocabulario

1. Antes del juego de pelota, el público se paró para cantar el _____ nacional.
   - Ⓐ canto
   - Ⓑ concierto
   - Ⓒ rezo
   - Ⓓ himno

2. Nuestro director nos presentó con orgullo a los _____ invitados a la conferencia.
   - Ⓐ dignidad
   - Ⓑ distinguidos
   - Ⓒ medidos
   - Ⓓ emprendedores

3. Si tienes talento para los idiomas, quizás podrías ser un buen _____ .
   - Ⓐ entrecortado
   - Ⓑ internacional
   - Ⓒ intérprete
   - Ⓓ espontáneo

4. Nuestra familia está _____ con la comunidad entera por lo mucho que todos nos han ayudado cuando lo hemos necesitado.
   - Ⓐ en deuda
   - Ⓑ enojada
   - Ⓒ ofensa
   - Ⓓ en desacuerdo

5. Damián _____ para ser el presidente de la clase, pero no obtuvo el apoyo necesario en las urnas.
   - Ⓐ contó
   - Ⓑ se postuló
   - Ⓒ corrió
   - Ⓓ se convirtió

6. El misterioso ganador del concurso de composición de la escuela no ha sido _____ todavía.
   - Ⓐ idéntico
   - Ⓑ iluso
   - Ⓒ identificado
   - Ⓓ justificado

7. Les _____ que las elecciones escolares serán limpias, justas y transparentes.
   - Ⓐ garantizo
   - Ⓑ comprometo
   - Ⓒ superviso
   - Ⓓ dedico

Cuaderno de práctica
Viajes lejanos

Nombre _____ Fecha _____

8. La respuesta a mi pregunta fue demasiado vaga y _____ .
- Ⓐ contenida
- Ⓑ garantizada
- Ⓒ concurrida
- Ⓓ confusa

Comprensión

9. Si esta obra de teatro fuera un programa de televisión, sería un _____ .
- Ⓐ programa de dibujos animados
- Ⓑ programa de concurso
- Ⓒ boletín de noticias
- Ⓓ programa de humor

10. Walter Hunt inventó _____ .
- Ⓐ la panera
- Ⓑ el peine
- Ⓒ el bolígrafo
- Ⓓ el alfiler de seguridad

11. ¿Quién esculpió los rostros de los presidentes en el Monte Rushmore?
- Ⓐ El Tío Sam
- Ⓑ Dolley Madison
- Ⓒ Gutzon Borglum
- Ⓓ Babe Ruth

12. ¿Qué es lo que más recuerda Dolley Madison sobre la diversión en la Casa Blanca?
- Ⓐ servir helado por primera vez
- Ⓑ ser la primera dama
- Ⓒ entretener a gente importante
- Ⓓ gastar dinero

13. Sacajawea intenta engañar a los panelistas _____ .
- Ⓐ vistiéndose con ropa de hombre
- Ⓑ contando chistes
- Ⓒ poniendo una voz muy grave
- Ⓓ guardando silencio

14. En la lengua uto-azteca, *Sacajawea* significa _____ .
- Ⓐ mujer pájaro
- Ⓑ exploradora
- Ⓒ india guía
- Ⓓ río

Cuaderno de práctica
Viajes lejanos

Nombre _____ Fecha _____

15. Uno de los logros más importantes de Elizabeth Cady Stanton fue _____.
  (A) ser diputada
  (B) esculpir el Monte Rushmore
  (C) descubrir un nuevo cometa
  (D) reclamar el derecho al voto para las mujeres

16. Babe Ruth estableció récords en béisbol _____.
  (A) en número de errores
  (B) como bateador y como lanzador
  (C) como lanzador
  (D) como bateador

17. ¿Qué panelista fue reina?
  (A) Liliuokalani
  (B) Elizabeth Cady Stanton
  (C) Sacajawea
  (D) Dolley Madison

18. ¿Por qué escogió el patrocinador de este programa al Tío Sam como presentador?
  (A) Es un futbolista famoso.
  (B) Se ofreció a presentar el programa gratis.
  (C) Es un símbolo de Estados Unidos.
  (D) Es un soldado famoso.

Cuaderno de práctica
Viajes lejanos

Nombre _____ Fecha _____

19. ¿Por qué los panelistas tienen que saber algo sobre la historia de Estados Unidos?

_____
_____
_____
_____
_____
_____
_____
_____

20. En esta obra de teatro aparecen varios estadounidenses famosos. Indica qué personaje coincide con cada una de las siguientes descripciones: científica, reina, esposa del presidente, inventor, pelotero, artista, defensora de los derechos de la mujer, guía en la conquista del Oeste.

_____
_____
_____
_____
_____
_____
_____
_____

Cuaderno de práctica
Viajes lejanos

Nombre _____ Fecha _____

¿Cuál es tu brillante idea, Ben Franklin?

Instrucciones: En los ejercicios 1 al 18, rellena el círculo que está delante de la respuesta correcta. En los ejercicios 19 y 20, escribe la respuesta.

Vocabulario

1. ¿Es ésta la _____ más reciente del libro?
   - Ⓐ edición
   - Ⓑ edificio
   - Ⓒ especie
   - Ⓓ pasillo

2. Había un globo _____ del techo para decorar la habitación.
   - Ⓐ escalado
   - Ⓑ calificado
   - Ⓒ suspendido
   - Ⓓ acortado

3. El astronauta recibió varios _____ en la ceremonia.
   - Ⓐ honestos
   - Ⓑ honores
   - Ⓒ orgullos
   - Ⓓ distinguidos

4. Los senadores _____ una ley que no beneficia a nadie.
   - Ⓐ ondeaban
   - Ⓑ abrogaban
   - Ⓒ golpeaban
   - Ⓓ estilizada

5. Los pioneros firmaron un _____ con los indígenas y prometieron no hacer asentamientos más allá del río.
   - Ⓐ tratado
   - Ⓑ torre
   - Ⓒ tentáculo
   - Ⓓ comparación

6. Mi abuelo instaló un _____ que se abría y cerraba para permitir que el perro entrara y saliera de la casa.
   - Ⓐ frente
   - Ⓑ artefacto
   - Ⓒ compuesto
   - Ⓓ cuidado

Comprensión

7. "Todas las familias compraron un almanaque este año". En la selección, el *almanaque* es un _____ .
   - Ⓐ folleto de historietas
   - Ⓑ libro de información
   - Ⓒ cancionero
   - Ⓓ libro de cuentos

Cuaderno de práctica
Viajes lejanos

Nombre _____ Fecha _____

8. ¿Por qué no resultó el picnic eléctrico de Franklin tal como él lo había planeado?
   Ⓐ El pavo se escapó.
   Ⓑ Se preparó un ganso.
   Ⓒ Franklin perdió el conocimiento por la sacudida.
   Ⓓ Franklin tuvo que hacer trucos de magia.

9. ¿Por qué no pudo hacer Franklin el experimento con la electricidad en Filadelfia?
   Ⓐ No estaba en Europa.
   Ⓑ No había ningún sitio en Filadelfia que fuera suficientemente alto.
   Ⓒ Ahí no ocurrían muchas tormentas.
   Ⓓ Estaba prohibido hacer experimentos científicos peligrosos ahí.

10. ¿Por qué se convirtió Franklin en la persona más famosa de las colonias norteamericanas?
   Ⓐ Comenzó a publicar un almanaque.
   Ⓑ Representó a las colonias norteamericanas en Inglaterra.
   Ⓒ Sus ideas demostraron que la electricidad y los relámpagos son la misma cosa.
   Ⓓ Representó a las colonias norteamericanas en Francia.

11. ¿Quién le dio a Franklin el título de doctor?
   Ⓐ varias universidades
   Ⓑ los reyes de Inglaterra y Francia
   Ⓒ la prensa
   Ⓓ tres científicos de Europa

12. Franklin inventó el pararrayos, una vara de hierro que se podía fijar al techo de un edificio. En esta selección, un pararrayos es _____.
   Ⓐ un instrumento que protege a los edificios contra los relámpagos
   Ⓑ una vara de hierro que se usa para decorar
   Ⓒ una vara que se usa para fotografiar los relámpagos
   Ⓓ una especie de timbre para la puerta

Cuaderno de práctica
Viajes lejanos

Nombre _____ Fecha _____

13. Franklin mejoró la vida de la gente en Filadelfia al ayudar a establecer _____ .

Ⓐ una compañía que fabricaba pararrayos
Ⓑ un hospital y un nuevo congreso
Ⓒ una manera más rápida de enviar correo a Inglaterra
Ⓓ una compañía de seguros contra incendios y un hospital

14. En diversas épocas de su vida, Franklin representó a las colonias norteamericanas tanto en Inglaterra como en Francia. ¿Qué capacidad especial tenía Franklin para ganarse estos cargos?

Ⓐ su habilidad para narrar cuentos
Ⓑ su talento de aparentar ser un hombre adinerado
Ⓒ sus conocimientos científicos
Ⓓ su habilidad para convencer a la gente

15. ¿Cuál fue la diferencia entre la forma en que Franklin actuó en Inglaterra y en Francia?

Ⓐ En Inglaterra se vestía con mucho estilo, en Francia no.
Ⓑ En Francia usaba gafas elegantes, pero en Inglaterra no.
Ⓒ En Inglaterra no cumplía con las reglas de buen comportamiento como lo hizo en Francia.
Ⓓ En Inglaterra usaba ropa sencilla y en Francia se ponía un sombrero de piel.

16. La última obligación pública de Franklin consistió en _____ .

Ⓐ ayudar a redactar la Declaración de Independencia
Ⓑ organizar un nuevo sistema de correos entre Boston y Filadelfia
Ⓒ ayudar a redactar la Constitución de los Estados Unidos
Ⓓ obtener el apoyo de Francia para la Revolución Norteamericana

17. ¿Qué opinión tenía Franklin sobre la Constitución?

Ⓐ no estaba satisfecho con ella
Ⓑ era el mejor documento posible, dadas las circunstancias
Ⓒ la aprobó en su integridad
Ⓓ prefería otro tipo de gobierno diferente

Cuaderno de práctica
Viajes lejanos

Nombre _____ Fecha _____

18. Todas las siguientes oraciones son ciertas, **excepto** que _____.

Ⓐ Franklin trabajó mucho por la independencia norteamericana desde Inglaterra.

Ⓑ A Franklin no le interesaba encontrarle usos prácticos a sus ideas científicas.

Ⓒ Franklin tenía muchos tipos diferentes de habilidades.

Ⓓ A Franklin le gustaba comer y vestir bien.

19. ¿A qué se dedicó George Washington durante la Revolución Norteamericana? ¿A qué se dedicó Franklin en esa misma época?

_____
_____
_____
_____
_____
_____
_____
_____

20. ¿Por qué incluyó el autor información tanto seria como cómica sobre Franklin?

_____
_____
_____
_____
_____
_____
_____
_____

Cuaderno de práctica
Viajes lejanos

Nombre _____ Fecha _____

Lewis y Clark

Instrucciones: En los ejercicios 1 al 18, rellena el círculo que está delante de la respuesta correcta. En los ejercicios 19 y 20, escribe la respuesta.

Vocabulario

1. Cuando consiguió el premio al mérito en el servicio, mi hermana lloraba sin _____ por la alegría.
   - Ⓐ penosamente
   - Ⓑ flexibilidad
   - Ⓒ cesar
   - Ⓓ altaneramente

2. Para subir la montaña tuvimos que recorrer un terreno muy _____.
   - Ⓐ escabroso
   - Ⓑ macabro
   - Ⓒ escocido
   - Ⓓ enredado

3. Nuestro carro consumía menos combustible por las _____ que por las montañas.
   - Ⓐ asentamientos
   - Ⓑ llanuras
   - Ⓒ holguras
   - Ⓓ casas

4. Pasaban los días y las noches, y la lluvia seguía igual de _____.
   - Ⓐ perecida
   - Ⓑ pertinaz
   - Ⓒ falsa
   - Ⓓ punzante

5. Para recorrer ciertas zonas inexploradas, hay que tratar de reducir al mínimo los _____.
   - Ⓐ riscos
   - Ⓑ valientes
   - Ⓒ posibilidades
   - Ⓓ riesgos

6. Ir al desierto sin una buena brújula se _____ algo peligroso.
   - Ⓐ considera
   - Ⓑ frota
   - Ⓒ consolida
   - Ⓓ pierde

Cuaderno de práctica
Viajes lejanos

Comprensión

7. Para Lewis y Clark, ver las Montañas Rocosas era a la vez inspirador y perturbador porque _____ .

Ⓐ las montañas estaban muy lejos
Ⓑ sabían que las montañas serían difíciles de cruzar
Ⓒ las cimas de las montañas estaban cubiertas de nieve
Ⓓ primero tenían que cargar sus barcas para rodear las Grandes Cataratas

8. ¿Cómo describió Lewis las Grandes Cataratas?

Ⓐ el mayor obstáculo que jamás tuve que superar
Ⓑ tan altas como un moderno edificio de seis pisos
Ⓒ la vista más magnífica que jamás haya contemplado
Ⓓ sin Sacagawea no las podría haber superado

9. Sacagawea se convirtió en un elemento muy valioso para la expedición porque _____ .

Ⓐ observaba detenidamente las riberas
Ⓑ había sido esclava hacía tiempo
Ⓒ caminaba por delante del grupo
Ⓓ ayudó a los capitanes a elegir el cauce del río que debían seguir

10. ¿Por qué se quedaron "paralizadas por el temor" las mujeres Shoshone al ver a Lewis?

Ⓐ porque sólo se fiaban de sus vecinos, los Pies Negros
Ⓑ porque Lewis quería comprarles sus caballos
Ⓒ porque nunca habían visto a gente distinta
Ⓓ porque sospechaban de cualquier desconocido

11. Sacagawea lloró al ver al jefe Cameahwait porque _____ .

Ⓐ era su hermano
Ⓑ le daba miedo
Ⓒ la había raptado hacía mucho tiempo
Ⓓ era su padre

Cuaderno de práctica
Viajes lejanos

12. Lewis y Clark pensaban que todas las corrientes de ese lado de las Montañas Rocosas _____ .

Ⓐ conducían directamente al Océano Pacífico
Ⓑ conducían al Columbia
Ⓒ destruirían sus maltrechas canoas
Ⓓ estarían repletas de pescado

13. Las tierras circundantes del río Columbia pasaron a llamarse más adelante _____ .

Ⓐ Ouragon
Ⓑ Territorio de Oregon
Ⓒ río Origan
Ⓓ Territorio Missouri

14. Cuando Lewis y Clark encontraron a los Chinook, ¿cómo supieron los exploradores que estaban cerca del Océano Pacífico?

Ⓐ Los Chinook hablaban inglés y se los dijeron.
Ⓑ Lewis y Clark alcanzaban a ver el Océano Pacífico a lo lejos.
Ⓒ Un miembro de la tribu vestía un abrigo de la marina, lo cual indicaba que los marineros habían llegado hasta allí.
Ⓓ Los indios Nez Perce les dijeron que los Chinook vivían junto al mar.

15. ¿Qué fue lo que Lewis y Clark demostraron con su expedición?

Ⓐ No existía ninguna vía fluvial que cruzara todo el territorio de América del Norte.
Ⓑ Su viaje había sido prácticamente un fracaso.
Ⓒ Jefferson estaba orgulloso de ellos.
Ⓓ Abrieron el paso hacia el Oeste para los colonos gracias a los mapas que elaboraron.

16. ¿Cuánto duró la expedición de Lewis y Clark?

Ⓐ más de cinco años
Ⓑ más de dos años
Ⓒ casi diez años
Ⓓ menos de dos años

17. ¿Por qué no se utilizó jamás la carta de crédito del Presidente Jefferson?

Ⓐ El capitán del barco los dejó viajar gratis.
Ⓑ Los exploradores no volvieron a casa en barco, sino por tierra.
Ⓒ Los indios se robaron la carta.
Ⓓ Sacagawea y su marido los llevaron al poblado de los Mandan.

Cuaderno de práctica
Viajes lejanos

Nombre _____ Fecha _____

18. La expedición de Lewis y Clark comenzó y terminó en _____.
- Ⓐ St. Louis, Missouri
- Ⓑ el río Columbia
- Ⓒ la actual Astoria, Oregon
- Ⓓ Washington, D.C.

19. ¿Por qué lanzaron gritos de alegría los expedicionarios cuando llegaron al valle del río Clearwater?

20. ¿Cuál fue la parte más difícil del viaje de Lewis y Clark? Explica tu respuesta.

Cuaderno de práctica
Viajes lejanos

Nombre _____ Fecha _____

Fronteras negras

Instrucciones: En los ejercicios 1 al 18, rellena el círculo que está delante de la respuesta correcta. En los ejercicios 19 y 20, escribe la respuesta.

Vocabulario

1. Los topos _____ en la tierra para escapar de sus enemigos.
   - Ⓐ presentaban
   - Ⓑ sintieron
   - Ⓒ compraban
   - Ⓓ excavaban

2. Cuando sonó la alarma, hubo un _____ inmediato de estudiantes que salían del salón de clases.
   - Ⓐ ambición
   - Ⓑ recibo
   - Ⓒ éxodo
   - Ⓓ extinción

3. Pagamos la lavadora nueva en cantidades _____ de diez dólares cada semana.
   - Ⓐ inspiraciones
   - Ⓑ parciales
   - Ⓒ expediciones
   - Ⓓ poblados

4. Los pájaros _____ del Norte al clima más caluroso del Sur.
   - Ⓐ emigraban
   - Ⓑ votaban
   - Ⓒ estudiaban
   - Ⓓ hervían

5. Los pobladores habían _____ un lugar especial en el parque para honrar a los héroes de la guerra.
   - Ⓐ distinguido
   - Ⓑ designado
   - Ⓒ suspendido
   - Ⓓ asombrado

Comprensión

6. La selección se parece a un ensayo fotográfico porque _____ .
   - Ⓐ explica cómo hacer algo
   - Ⓑ combina fotos y texto para presentar información
   - Ⓒ cuenta un suceso en primera persona
   - Ⓓ habla sobre lugares del pasado

Cuaderno de práctica
Viajes lejanos

Nombre _____ Fecha _____

7. Los pioneros de Kansas y Nebraska construían casas de _____ .
  Ⓐ árboles
  Ⓑ tepe
  Ⓒ paja
  Ⓓ ladrillos

8. El problema principal de las casas de tepe era que _____ .
  Ⓐ eran demasiado pequeñas
  Ⓑ no tenían suelo
  Ⓒ estaban construidas de tepe
  Ⓓ solía entrarles agua cuando llovía

9. Según la selección, la gente de Dakota del Norte y Dakota del Sur solía excavar en la tierra porque _____ .
  Ⓐ era más barato vivir así
  Ⓑ los ayudaba a protegerse del frío extremo
  Ⓒ les gustaba vivir debajo de la tierra en la oscuridad
  Ⓓ las vacas y las cabras vivían en el techo

10. Para mantener el fuego, las pioneras solían quemar _____ .
  Ⓐ el abono seco de los búfalos
  Ⓑ la piel de los búfalos
  Ⓒ fósforos
  Ⓓ periódicos

11. En el Suroeste, las mujeres aprendieron de los nativos cómo hacer jabón y champú con _____ .
  Ⓐ hierbas silvestres
  Ⓑ la yuca
  Ⓒ el abono seco de los búfalos
  Ⓓ adobe

12. Según la selección, las casas de adobe estaban hechas de _____ .
  Ⓐ jabón y agua
  Ⓑ árboles y hojas
  Ⓒ tepe y lodo
  Ⓓ lodo y paja

13. Benjamín Singleton compró parte de una reservación de indígenas cherokees para comenzar una comunidad sólo para la gente negra _____ .
  Ⓐ antes de la Guerra Civil
  Ⓑ durante la Guerra Civil
  Ⓒ después de la Guerra Civil
  Ⓓ después de la construcción de Nicodemus

Cuaderno de práctica
Viajes lejanos

Nombre _____ Fecha _____

14. Hacia 1879, 800 mil colonos que se habían marchado del antiguo Sur _____ .

Ⓐ habían viajado a Israel
Ⓑ habían luchado en la Guerra Civil
Ⓒ se habían ido a vivir a Kansas
Ⓓ se habían marchado de Kansas para ir a Nebraska y Oklahoma

15. Los granjeros blancos ya establecidos en Kansas vieron que los nuevos colonos trabajaban mucho, así que los granjeros blancos _____ .

Ⓐ les prestaban equipo para hacer más fácil su trabajo
Ⓑ les dijeron que iban a hacerse buenos granjeros
Ⓒ les dijeron dónde podrían comprar equipo
Ⓓ los invitaron a una fiesta

16. George Washington Bush fue al Territorio de Oregón _____ .

Ⓐ y conoció a Lewis y Clark
Ⓑ e introdujo la primera guadañadora y el primer segador
Ⓒ e introdujo el uso de las mulas para arar la tierra
Ⓓ y les enseñó a los negros a jugar al béisbol

17. Nicodemus y Dunlap celebraban el Día de la Emancipación cada año con _____ .

Ⓐ bailes y fuegos artificiales
Ⓑ encuentros de boxeo y partidos de béisbol
Ⓒ espectáculos de natación y gimnasia
Ⓓ clases de teatro y canto

18. En el año 1907, el pueblo de Nicodemus comenzó _____ .

Ⓐ a ser colonizado por colonos negros
Ⓑ sus propias fiestas
Ⓒ a escribir la historia del pueblo
Ⓓ su propio equipo de béisbol para la gente negra

Cuaderno de práctica
Viajes lejanos

Nombre _____ Fecha _____

19. ¿Por qué Nicodemus, Kansas, fue designado un lugar histórico nacional?
_____
_____
_____
_____
_____
_____
_____
_____
_____
_____
_____
_____

20. Era muy difícil viajar tan lejos para vivir pero los *exodusters* lo hicieron porque
_____
_____
_____
_____
_____
_____
_____
_____
_____
_____
_____
_____

Cuaderno de práctica
Viajes lejanos